标准数独完全教程

慕容漪汐 著

中国纺织出版社有限公司

内 容 提 要

这是一本专门为标准数独爱好者创作的技巧书，作者慕容漪汐从最后一数、行列排除法等数独的基本方法入手，过渡到交叉区块、隐性数组等进阶方法，对于数独高手在比赛中常用的一些高级技巧，比如链、基础鱼结构、欠一类技巧等也结合实例进行了详细的解读。本书体例丰富，不仅有结合图示的技巧详细讲解，还有针对性的练习题；除了拓展阅读专栏外，还有技巧提炼。与一般数独类图书只提供题目和答案不同，作者不仅提供了有唯一解的题目，还列出了解题的参考要点和图示，帮助数独爱好者抓住关键点，克服卡点，顺利解题，从而逐步提高解题速度和准确度。

图书在版编目（CIP）数据

标准数独完全教程/慕容漪汐著. —北京：中国纺织出版社有限公司，2021.11
ISBN 978-7-5180-8858-4

Ⅰ．①标… Ⅱ．①慕… Ⅲ．①智力游戏—教材 Ⅳ．①G898.2

中国版本图书馆CIP数据核字（2021）第181616号

责任编辑：郝珊珊　责任校对：高　涵　责任印制：储志伟

中国纺织出版社有限公司出版发行
地址：北京市朝阳区百子湾东里A407号楼　邮政编码：100124
销售电话：010—67004422　传真：010—87155801
http://www.c-textilep.com
中国纺织出版社天猫旗舰店
官方微博 http://weibo.com/2119887771
北京通天印刷有限责任公司印刷　各地新华书店经销
2021年11月第1版第1次印刷
开本：710×1000　1/16　印张：10.5
字数：166千字　定价：48.00元

凡购本书，如有缺页、倒页、脱页，由本社图书营销中心调换

前言
PREFACE

数独是一种风靡世界的智力游戏,据传为欧拉设计的作品,但具体起源未知。笔者倾向于认为这是多种智力游戏及数学游戏经过长时间融合、演变后的结果。这种智力游戏受到全世界人民的喜爱,在各类书籍、杂志,甚至各类试题中,都存在其身影。

基础规则:在空格内填入1~9,使得每行、列、宫内数字不重复。每格内只能填入一个数字。

关于数独,有如下几个概念:

1. 行

横着的叫作行,从上到下分别用字母 A~I 表示,由于 I 容易与数字 1 混淆,因此在有些图书中,会以 A~H 及 K 表示行,如下图所示。也有用字母 R(Row)加数字的形式表示行,如 R5 为第五行。

2. 列

竖着的叫作列,从左到右分别用数字 1~9 表示。在有些图书中,可能用 C(Column)加数字的形式表示列。

3. 宫

每个粗线围成的部分叫作一宫，宫用汉字表示。九个宫的命名如下图所展示。标有数字 3 的为第三宫，以此类推。

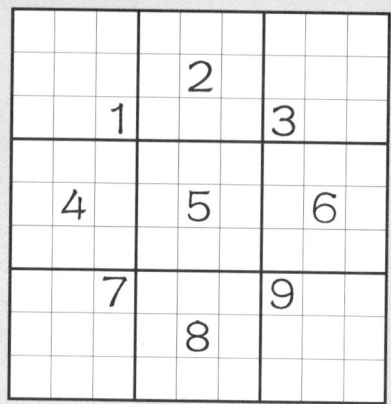

4. 大行 / 大列

相邻且能组成三个宫的三行为一个大行，例如 A、B、C 行构成一个大行，同理，相邻且能组成三个宫的三列为一个大列，例如 7、8、9 列。

5. 单元格、坐标

每一个小方格叫作单元格，拥有自己的坐标。行名称 + 列名称，即为格子坐标，如 E2 表示第 5 行第 2 列。若用 RC 法表示，则为 R5C2。

6. 共轭

共轭是指与指定格相关联，但由于规则不能相同的格子。例如下图中，灰色格子与 B2 共轭，所以其全部不是数字 1。

7. 初盘、终盘、解、已知数

初盘指题目初始的样子，终盘指题目解答完毕的样子，如下图所示。广义上一个初盘可能有多个终盘，但此类题目会被认为是不合格的。通常所指的数独是在指定规则内拥有唯一终盘的初盘题目，这样的唯一终盘称作题目的解，制作数独时，除符合规则外，最基本的要求是"唯一解"。

已知数广义上为所有已经确定的数字，包括初盘给出的和已经确认填入的。狭义上只包括初盘给定的数字，上图题目已知数为 28 个。已知数的个数及位置，在绝大多数情况下与题目难度无关。

注：若要使得标准数独题目拥有唯一解，至少需要 17 个已知数。

目录 CONTENTS

第一章　基本方法 001

第一节　最后一数、二余法 002
第二节　宫内排除法 006
专栏1　一刀流数独 011
第三节　行列排除法 015
第四节　唯一余数法 020
专栏2　点算与候选数 022
专栏3　解的构成——排除解与唯余解 023

第二章　进阶方法 029

第一节　区块排除法 030
第二节　区块唯余法 036
第三节　交叉区块 041
第四节　组合区块法 044
专栏4　区块排除与行列排除的转化 050
第五节　隐性数对 051
第六节　隐性数组 058

第七节　显性数对 …………………………………… 064
第八节　显性数组 …………………………………… 070
专栏 5　为什么没有五数组? ………………………… 076
第九节　唯一性技巧 ………………………………… 077
专栏 6　唯一矩形的拓展 …………………………… 083
专栏 7　数独之耻与多解题的判定 ………………… 084

第三章　高级技巧 091

第一节　链 …………………………………………… 092
第二节　X-wing ……………………………………… 102
第三节　基础鱼结构 ………………………………… 106
第四节　XY-wing 类结构 …………………………… 112
第五节　Remote Pair ………………………………… 120
第六节　XYZ-wing …………………………………… 124
第七节　Y-wing ……………………………………… 128
第八节　XYX 链 ……………………………………… 131
第九节　欠一类技巧 ………………………………… 133
专栏 8　已知数、图案与难度 ……………………… 141

结语　数独爱好者如何选择自己的方向? ………… 144
附录　答案 …………………………………………… 146

第一章
基本方法

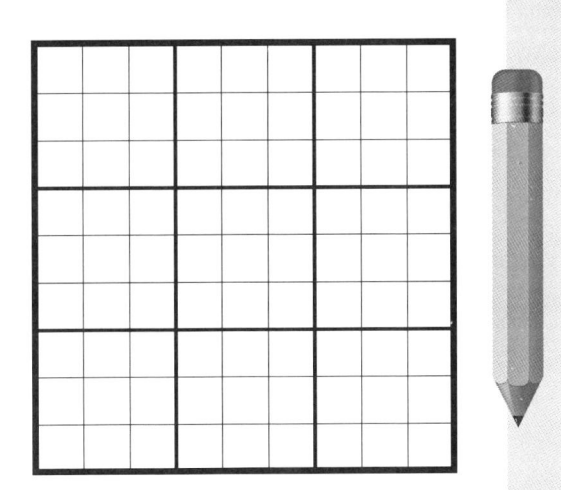

第一节

最后一数、二余法

数独最基础的方法叫作最后一数（Full House），即一个区域内，已知了 8 个数字，留下一个空白单元格未知时，可以将其补满。

我们可以观察下图的案例，这是一道简单的题目。

```
1 2 6 | 5 4   | 7 9 8
8   3 |   9 1 |   4
4   7 | 6   8 | 3 5 1
------+-------+------
6 1   | 2 8 7 |     4
  8 4 | 9   6 | 5 1
3     | 4 1 5 |   8 2
------+-------+------
7 6 8 | 1   2 | 9 4   3
    3 |   8 6 |   1 5
5 4 1 |   7 2 | 8 6 9
```

观察发现，第五宫内只有一个空格，这个宫内已经出现了 1、2、4、5、6、7、8、9 这 8 个数字，空格里只能填入剩下的数字 3。

在 E5 中填入 3 后，我们再来看第一行。第一行也有且仅有一个空格，我们数了数这一行已知的数字，发现这个格子也只能填入数字 3。同理我们也能填入 I4。

观察第四列和第六列，我们也能填出余下的空格内的数字。

填好一部分数字之后，我们会发现此时任一行、列、宫，未知的格子都有两个或更多。此时，最后一数这一技巧需要做出一定变化，我们需要寻找缺少两个数字的行、列、宫，对其进行判断。

例如第一列，经过数数后，发现这一列缺少的数字是2和9。之后我们可以观察到，E1格所在的行内有数字9，因此E1≠9，E1=2。通过数行、列、宫内缺少的两个数字，进而寻找突破口的方法，叫作二余法。

最后一数和二余法是最基础的方法，任何题目到最后阶段都要使用这两种方法。本题也可继续利用最后一数的方法解开，终盘如下所示。

以下题目仅用最后一数法及二余法即可解开。请利用最后一数法及二余法解开题目。

★ 解题要点：（方法不唯一，仅供参考）

第一题

2	4			8	5	7	3	9
9	3	7	4	2	6	8	1	
		1	5	7	3		6	2
4	5		8	9	7	1		6
7	6	2	5		1	9	8	3
1		9	2	6	3		7	4
6	9			7	8	2	5	
	7	1	9	5	2	6	4	8
5	2	8	6	1			9	7

解题要点：利用二余法观察第三宫

第二题

7	9	3		8	2	4	5	6
6		2	4	3		8		7
1	8	4		5	6		3	2
3	1		6	4	7	5		8
	6		2		3		4	
4		7	8	1	5		9	3
8	7		5	2		3	6	9
9		6		7	1	2		5
2	3	5	9	6		1	7	4

解题要点：利用二余法观察第二宫

第二节 宫内排除法

数独的基本思路有两种,其中一种是判断某格中应该填哪个数字,例如前文所述的最后一数法。另一种方法是判断某个数字应当填在哪里。

我们首先应以宫为观察对象,寻找某个数字在某个宫内的位置。观察下图例题,在学习过程中,我们可以按照从 1~9 的数字顺序进行寻找。

	3	6		5				
	2		4			1		
				7	3			
		2		6	1		5	7
9				8				
	4							3
1			2			3		
5		4						6
							4	5

先观察数字 1 可能存在的位置,由于规则要求,每行、列、宫中的数字不重复,因此一个已知数 1 可以排除它所在行、列、宫内的数字 1,如下图所示。

对第九宫进行观察,我们发现该宫有 5 个待定格,其中 4 格都不可能是 1,1 只能在星格 H8。

第一章　基本方法

同理可以排除得到第六宫的1，继而得到第四宫的1。之后可以利用此方法得到所有的1。

接下来我们可以切换视角观察其余数字。以数字2为观察对象，可以逐步解开所有2。

同理也可解开所有3、4、5，然后慢慢解开其余数字。

填完1~8后，数字9只能填在每个宫余下的唯一空格中。这样的情况算是排除法的特殊情况（没有排除线的排除法），但要注意的是"数字只能填在某个位置"与最后一数章节提到的"某格只能是某个数"仍然有本质上的区别。

以宫为观察对象，用排除法找到某个数字在宫内的唯一可能位置的方法叫作宫内排除法。

利用宫内排除法解题时，大多数情况不能从1开始连续排除到9，更多的情况是通过观察决定目标数字，再对这个数字进行观察。有时候观察某个数字时，能解开一部分宫内该数字的位置，但不能将这个数字在九个宫内的位置完全确定。判定哪个、哪些数字需要观察，何时应该切换目标数字，是解题时的基本功，对顺利完成各种题目而言都非常重要。

从下题我们可以对一些宫内排除法的视角进行讨论。

运用宫内排除法时，我们前期可以在大行或大列中，寻找仅出现两次的某个数字，并且在该数字未出现的那个宫里，寻找该数字的排除，如下面左图所示。这样的排除有很多种。

当然，除了这一类情况之外，另有一种排除是由两个不在同一大行、大列的数字，对于同一个宫排除形成，这种情况也不可以忽略，如下面右图所示。

运用宫内排除法时，如果已有一定的基础，可以尝试同时观察不止一个数字的排除。以数字5为观察对象，可以排除得到第一宫的数字5，如下面左图所示。

接下来可以通过数字 4 的排除得到第一宫中 A1=4。我们可以切换视角进行观察，数字 4、5 同时对于第一宫进行排除，结合 F1 的 5，得到 A3=5，A1=4。

利用排除法解题时，要养成好习惯：如果排除法解开了一个数字，尽可能寻找这个数字在其余宫内的排除情况。以 5 和 9 为例，下图为将所有宫内的 5 和 9 都补充完整的盘面。

本题终盘如下。这一题是常见的标准数独，利用宫内排除法可以解开。利用宫内排除法解题时，也可以与最后一数、二余法等方法相结合，切换视角进行观察。

```
4 6 5 2 1 9 8 3 7
1 2 3 8 7 5 9 4 6
7 9 8 4 6 3 1 5 2
6 7 9 3 5 1 4 2 8
3 1 4 7 2 8 6 9 5
5 8 2 6 9 4 3 7 1
9 3 6 5 8 7 2 1 4
2 4 7 1 3 6 5 8 9
8 5 1 9 4 2 7 6 3
```

排除法不需要对于格子进行数数，有些学习者会对此类方法有所偏好。需要注意的一点是，进行宫内排除法之前，一定要确认目标的宫里是否有目标数字，否则容易出现错误的排除。这个问题在一些刚刚接触数独的儿童身上较为常见，在练习时一定要加以警惕。

专栏 1　一刀流数独

在解标准数独题目时，有一类题目能从数字 1 开始排除，解开所有的 1，之后是所有的 2，所有的 3……一直到解开所有的 9。这样的题目叫做一刀流数独，练习这一类题目对于熟悉排除法有非常大的帮助。

不是所有的标准数独都可以用一刀流的方法来解决，有的题目里已知数没有 1，有的题目里第一步需要排除 9。中国台湾的谢道台老师对排除法可解的数独进行了研究，一部分题目通过 1~9 排除后，仍然无法解题，需要再从 1~9 开始再次排除，排除两轮后可以解开的题目为二刀流数独。经过不懈的研究与创作，他发现了一些需要排除 8 圈的八刀流数独题目。

在练习排除法时，一刀流数独是一种很好的练习方式。在实际解题时，寻找排除法可以优先选择出现次数较多的数字进行观察。

★ 技巧提炼

以宫为对象进行观察，找到某个数字在某个宫内的唯一可能位置的方法，叫作宫内排除法。右图中可用宫内排除法解出一宫的 1 在 A3，六宫的 1 在 D8。

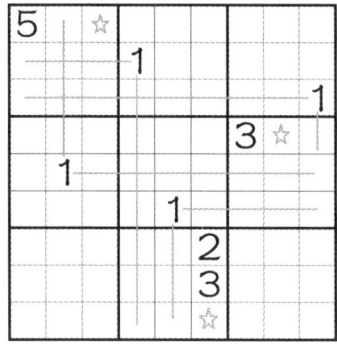

寻找宫内排除法时，优先观察在一大行／大列中出现两次的数字、出现次数较多的数字等，也可以从 1~9 开始循环寻找。有时也有从不同方向对于同一个宫进行排除的情况，也可以同时观察不止一个数字的排除。每解开一个数字，需要尽量找一找该数字在其余格是否有排除。

可能有一部分数字不能被全部解开，此时可以转向观察其余数字。右图为用宫内排除法找 1 的位置的例子。

第一章　基本方法

练习 2

请利用宫内排除法解开以下题目。

★ 解题要点：（方法不唯一，仅供参考）

第一题

		8	1	7				
	2			8				
	6		2		3		1	
6		8		2		3		9
4	5						7	2
1		9		7		4		8
	8		1		6		3	
				1			9	
			5	8	9			

解题要点：数字 5 对第五宫进行排除，得到第五宫的 5 在 F6。

第二题

				4	9			
9		3		2		5		
2	4	8						
7				1	5			9
		2				8		
1			8	9				7
						5	9	1
		1		9		6		8
			5	7				

解题要点：数字 8 对第七宫进行排除，得到第七宫的 8 在 I1。

第三题

	5		7		2		6	
6			1		9			5
		9		5		2		
5	1						3	6
		6			8			
9	3					5	4	
		5		2		6		
8			5					2
	7		3		4		9	

解题要点：数字 3 对第五宫进行排除，得到第五宫的 3 在 E5。

第四题

6	8		1					
1				6		4		
		5	3				6	
4	2	7		5				
			4		3			
				7		8	9	4
	1				4	2		
	3				8			9
						1	8	7

解题要点：数字 8 对第三宫进行排除，得到第三宫的 8 在 B9。

第五题

	5	4			2		8	
1		2			8			5
				4			1	2
2	8		6	3				
		9			5			
			8		9		3	6
8	1			9				
4			5			2		1
	2		7			8	4	

解题要点： 数字3对第九宫进行排除，得到第九宫的3在G9。

第三节 行列排除法

前文提到了宫内排除法。实际上在观察排除法时,有时利用宫内排除法无法完全解开题目,需要以行列为观察对象进行观察。

我们以下题为例讨论行列排除法。

	5		7		8		4	
8						7		5
		3			5		8	
2				4		9		6
			6		2			
4		6		9				8
	2		8			6		
3		5						1
	8		1		9		3	

以宫内排除法按照 1~9 的顺序进行排除,排除到数字 6 时,我们可以得到 B8=6,其余格内 6 的可能位置如下面左图所示。此时,利用宫内排除法不可能确定其余格内 6 的位置,每个宫内都有不止一个可能性。

切换至行列的视角进行观察,第六列的 6 只能在 H6,如下面右图所示。这样的排除方式以行列为核心,叫做行列排除法。在无法利用宫内排除法解开数字时,需要切换视角用行列排除进行观察。

继续解此题，仍需进行行列排除。行列排除情况比较复杂，可能有多个距离较远的数字对于同一行列进行排除，对于观察力的要求较高。

经过多次排除后，逐渐能解开题目，终盘如右下图所示。

★ 技巧提炼

在标准数独排除法中，除了宫外，还可以以行列为观察对象。以行列为观察对象，找到某个数在某个行列中唯一可能的位置的方法，叫做行列排除法。右图为行列排除法示意图，第七行的数字 1 只能在 G3。

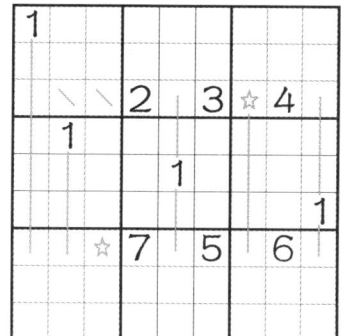

练习 3

请利用行列排除法完成以下题目。

★ 解题要点：（方法不唯一，仅供参考）

第一题

				6		9		
				4	6	5	2	
		3		5	9		4	
			9			4	6	5
		8			3			
7	5	4			2			
		4		1	9		2	
8	2	9	6					
		7		4				

解题要点：第四列的 5 在 E4。

第二题

9		5				1	7	
2								4
7			9		1			
		6		3		2		5
			8		6			
5		4		2		6		
			3		5			1
1								7
	5	9				8	2	

解题要点：第五行的 4 在 E8。

第三题

	3		5		6			
		4				8		9
	9				4		3	
6	3		1					2
			2		5			
2				7		4		1
	5		4			7		
1		8				3		
			3		8		2	

解题要点：第五列的 8 在 C5。

第四题

8		1	9					
			4	6	3			
3				8		6		
9	2						7	
	1	4				8	3	
	3						1	2
		9		5				3
			6	3	9			
						1	2	5

解题要点：第六行的 4 在 F6。

第五题

7	6				5			9
		5	9	7				
5			6		3			2
	5	4				1	2	
	7						9	
	2	9				6	8	
9			2		1			8
			9	6	5			
2		7				9		6

解题要点：第七列的 7 在 C7。

第四节 唯一余数法

在解题的过程中，除了排除法之外，唯一余数法也很常用，在一些题目中，也可采取此类方法为主要的观察视角。

观察下图例题，我们以 A9 格为例，对唯一余数法进行说明。A9 格所在的行中有数字 1、2、3、4，因此 A9 不能为 1、2、3、4；与此同时，其所在的列中有 5、6、7、8，因此此格不能为 5、6、7、8。A9 格可能的值是 1~9 中的一个，排除 1~8 的可能性之后，A9=9。

这种思路叫作唯一余数法。排除法的目标是找到数字的位置，关注点在于数字；唯一余数法的目标是找到格子里的数字，关注点在于格子。需要注意的是，有时还需要通过宫进行观察，以类似的思路，也可以解开B7、F1、H1。

解开这些格子之后，可能会产生新的排除情况，也可能产生新的唯一余数。寻找唯一余数时，可以从出现次数较少的已知数入手，观察其所影响的单元格；在大片的空白单元格内，也很可能出现唯一余数。也可以先数出行、列所缺少的数字，再对这些格子进行观察。排除法和唯一余数法统称为基本功（最后一数算是唯一余数法的特殊情况）。解题时，绝大多数题目的绝大多数步骤都需要通过基本功完成。如左下图所示，星号处使用宫内排除法得到E2=3。本题解开后，如右下图所示。

★ 技巧提炼

如果一个单元格，其所在的行、列、宫中包含了八种数字，这个单元格内一定是第九种数字。

右图中通过唯一余数得到C5=7。

专栏 2　点算与候选数

在寻找唯一余数时，我们会对部分单元格进行数数，这种操作叫做点算。点算单元格时，有时能找到唯一余数，而有时目标单元格内有多个可能性，我们可以将这些可能性以小数字的形式标记，这样的小数字叫作候选数。

一般而言，标记候选数时，建议在单元格中，写出这一格目前的所有候选数，否则在后续解题中，容易因为遗漏可能情况导致解题错误。

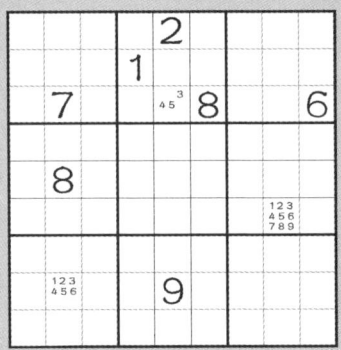

此外，标注候选数时，如果标记所有格，则略显杂乱，反而不利于后续的观察，因此在标注时，需要对单元格进行点算，尽量只标注仅有两个候选数的单元格，这种单元格称为双值格。在一些较为棘手的题目中，我们也可以考虑对于有三个候选数的单元格进行标注，标注后有利于后文中提到的数组技巧的观察。上图就是标注候选数的一个例子。

专栏 3　解的构成——排除解与唯余解

标准数独的核心解法有且仅有排除法和唯一余数法，其中排除法包括宫排除法和行列排除法，唯一余数法中也包含了最后一数法。

推定一个数字的操作叫作出数，每一步出数都是由这两种方法推导而出的，利用排除法形成的出数叫作排除解，利用唯一余数法形成的出数叫作唯余解。除了基本功之外，数独还有很多繁杂的技巧，但这些技巧都是辅助，最终的目标是形成排除解或者唯余解。

解题时，先要运用基本功对题目进行处理。大部分简单的题目可以通过基本功直接解开；少部分题目利用基本功仅能解开一部分数字。本书会利用这些题目，对于需要使用的后续技巧进行讲解。

此外，还有少量题目无法使用基本功解开任何一个数字，第一步就必须使用一些技巧，这样的题目叫作珍珠题。

请使用基本功解开以下题目，观察思路不唯一，本章不设置解题要点说明。

在解题时，可以排除法、唯一余数法两种视角中的一和为主要的观察视角，如果遇到卡顿，可以尝试进行视角的切换。在部分题目中，其中一种视角要明显优于另一种视角，而每个人也有自己偏好的观察方式。如何在两种视角之间进行选择及切换，也是解题时需要考虑到的问题。

基本功是解任何题目都需要的技巧，并且会因为每个人的习惯、思路不同，产生细微的差别。在解题时需要努力将各种思路融会贯通。

第一题

		3	5		9	1		
		9		6		3		
6	5						2	7
4				1				2
	3		7		2		4	
2				4				5
5	6						7	3
		2		3		5		
		8	6		5	2		

第二题

	8		3			5		
		9				8		3
5	7		6		1		9	
		5		3		1		6
		7		4				
9		7		2		3		
	6		1		3		2	9
3		2				6		
		1			2			3

第三题

	1	6		3	9			
	7		5		6			
5	6						4	3
8				2				4
	9		5		4		6	
4				3				8
9	1						3	6
		4		6		8		
		8	4		2	5		

第四题

3			7				9	4
				6		8		
8	2		4	1				
			1		9	4		3
	4	8				5	9	
9		2	5		4			
				5	6		4	9
			6					
4		3			7			6

第五题

5		3			4		9	
			3		2		5	
				7		6		
	8			2		6	1	
2				6				4
	9	1		4			8	
		6		4				
4		8			9			
		3		8			4	9

第六题

	7	8	6	4				
						3	8	5
							6	
			5		1	6		9
1								2
4		2	9		8			
	4							
9	5	1						
					9	3	4	5

第七题

	5	1					3	
3			9			7		5
7			3		2		6	
	3	9		2		5		
			4		7			
		7		6		4	2	
	8		2		4			7
2		3			5			4
	7					2	1	

第八题

			4				1	5
7	5							
	1		9		3			
6		2		7				
		7				6		
				9		4		1
			3		1		2	
							1	4
5	3				9			

第九题

			2	5	1			
8		2				7		4
		1				9		
1			6		7			9
4								3
5			1		9			2
		8				3		
2		5				9		7
			5	7	8			

第十题

			8	1	5			
8		6				1		9
		2		9		4		8
9				8				7
			5		1			
1				4				8
	4		3		6		2	
3		9				4		6
			4	5	7			

第十一题

	7		3			4		
9				7				
			1	5	4			8
2		6				8		
	1	3				5	2	
		8				3		1
5			7	6	1			
				8				3
		4			5		6	

第十二题

	8			6			5	
5			1		4			3
		4		7		6		
	5		8		1		4	
7		3				5		9
	9		7		3		1	
		5		8		1		
2			9		5			8
	7			1			3	

第十三题

9			7			5		
7				8	3			
						2	4	
	5	4				2		
	8		4		9		1	
		7				4	8	
	2	8						
			5	6				2
		6			7			4

第十四题

	3	7		8		9		
8			2		5			
5				7		8		6
		4				7		6
3		6				1		2
		9		1			3	
6		3		5				4
				7		6		3
			1	3		6	9	

第十五题

	9			8	6		1	
8		6			3		9	
	3				7		8	
4		9	7		8			
6								8
			1		9	2		4
	4		8			7		
9		8				4		3
	6		9	3		2		

第十六题

	7						1	3
6				8			5		4
8	4				1			
		9		3			4	
		2		5				
	1			8		7		
		6					1	5
3		8			4			6
	2	6				8		

第十七题

4				7				
		1		5		6		
6		2			3		7	
	7			1				
	2						1	
		3				8		
8		6				9		5
	4		5		3			
			6					2

第十八题

9	2					6	4	
			5	4	2			
4	8						2	1
			8	2		5	1	
				8		9		
		1	4		6	9		
3	4						6	2
			7	9	3			
	1	7					3	9

第十九题

9						3	7	4
	6		4	5				
4					7			
	7	6		2		8		
			7		5			
		9		3		7	5	
			8					7
			9	4		6		
3	1	8						9

第二十题

2	4	5						
7							2	
				2		5		3
	1				2	6	9	
				9		1		
	5	7		3				4
4			3		8			
				8				7
						8	1	6

第二章
进阶方法

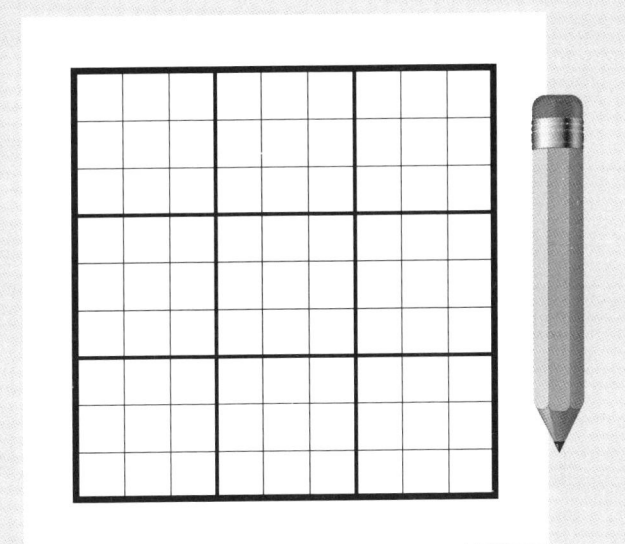

第一节

区块排除法

有时候，题目不能仅依靠基本方法解开，此时我们需要使用进阶方法。进阶方法主要包括区块、数对两类，本节主要讨论区块。

从本节开始，例题中需要使用基本方法的步骤，我们会进行跳过，仅展示使用这些方法（统称为基本功）处理后的结果。

以下题（左下图）为例讲解区块，通过基本功可以先解开一部分数字（右下图）：

注意数字 7，第八宫中的 7 只能在灰色格子里，如下图所示，但我们并不能确定具体在哪一个格子中。但是，两个灰色格子都在第五列里，这两格里必定有一个 7，意味着这一列其余格子内没有 7 了，删除 D5、E5、F5 的 7 之后，我们发现第五宫的 7 只能在 E6。

第二章 进阶方法

解开 E6 后，利用基本功即可解开题目。此题所运用的方法即为区块排除法。终盘如右图所示。区块排除法使用时，先通过基本的排除法，确定数字 A 在某些格中，形成区块。再讨论这些格共同在哪些区域中，删除这些区域里剩余格中的 A。

我们再来看一个案例。下面左图中的题目经过基本功处理后，如右下图所示。此时，数字 4 在第三宫形成区块（灰色区域），这个区块排除了 G9 的数字 4，结合其余的数字 4 提示，我们能解开第七行的数字 4 在星格 G6。

在下面的案例中，经过基本功处理后能解开一部分数字，此时第五宫的数字2必然在E4、E5、E6之中，构成一个区块。此类型区块不需要通过排除线排除得到，是一种比较少见的情况。

在本案例中，我们透过E4、E5、E6的区块，以及其他的数字2，对第四宫进行排除，发现第四宫的数字2在D2、F2之中，即我们透过一个区块，得到了第二个区块。通过第四宫的区块，结合已知数对第九行进行排除，得到第九行的2在I1。

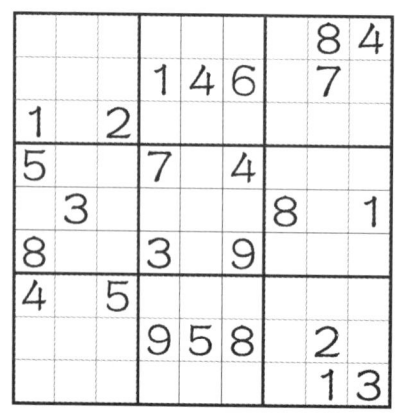

上题的终盘如下所示：

★ 技巧提炼

区块排除法分为两步：一步是构造区块，另一步是利用区块结合其余条件进行排除。

区块由排除法形成，虽然不能确定某个数的位置，但是能把某个数限定在某个区域中，以区域的形式产生作用。下面左图中可以得到 4 的区块，右图中可以得到 5 的区块。

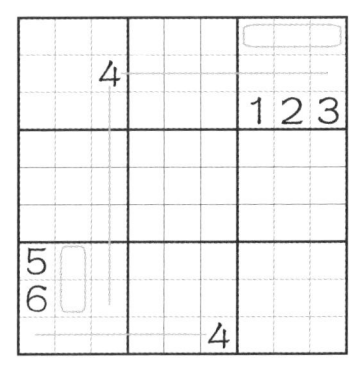

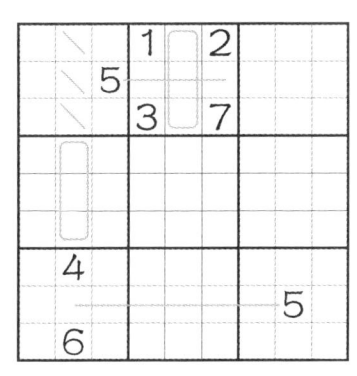

区块形成后，能用于排除，可得到数字或是新的区块。在一些情况下，区块排除可以与行列排除互相转化，另一些情况下则不能。下面左图中通过 8 的区块得出 B9=8，右图中通过 5 的区块得到第七宫的 8 在 H2。

练习 5

请利用区块排除法解开题目。

★ 解题要点：（解法不唯一，仅供参考）

第一题

		9	7					
	8	6				7		
						9	5	
6		2		5			8	
		4		2			9	
3		1		8			6	
						8	1	
	5	4			3			
			5		6			

解题要点： 第八宫构成数字 1 的区块，第五宫的 1 在 D4。

第二题

		6			3	8		
				8			2	
5			1		7		4	
		9	6					
		3				5		
2	5		8					9
1		9						
			6				8	
6	7			4				

解题要点： 第四宫构成数字 7 的区块，第六宫的 7 在 F8。

第三题

		1		7				
	2	8		9		6		
5	9					7	8	
9							5	
	4		9		6			
1		5		3			2	
	3				2			
		5		3		9		
		1	6		5		3	

解题要点： 第三宫构成数字 4 的区块，第六宫的 4 在 D8。

第四题

	1			8		7		
8			9		2			
		5				6		2
		3		4			7	9
1						9		
	7			1				5
3		1						
			5				2	6
			6	8		4		1

解题要点： 第八宫构成数字 3 的区块，第三行的 3 在 C6。

第五题

```
7 . . | . . . | 5 . .
. . 3 | 4 2 . | 7 . .
. 1 9 | . . . | 2 . .
------+-------+------
5 7 . | . . . | . . 1
9 . . | 1 6 . | . . .
4 . . | 2 . 9 | 5 . .
------+-------+------
. . . | . 9 . | . 7 .
8 6 2 | . . . | . . .
. . . | 2 5 6 | . . .
```

解题要点：第五宫构成数字 3 的区块，第八行的 3 在 H9。

第二节 区块唯余法

前文提到区块的构成与作用，实际上区块除了能用于排除之外，还可以用于辅助形成唯一余数。

观察左下图的例题，经过基本功处理后，会形成如右下图所示的局面。

观察第四宫，我们发现数字 4 对于这个宫进行排除后，4 一定在灰色部分，构成区块。这个区块能够排除 B3 的数字 4，虽然不能构成任何排除解，点算 B3 得 B3=4 或 B3=9，排除 B3=4 的情况，得 B3=9。

这种通过区块辅助形成唯一余数的方法，叫做区块唯余法。

利用区块唯余法解开后，例题的终盘如下。

我们再来看另一个案例（左下图），经过基本功处理后，如右下图所示。

在这个案例中，我们观察到第二宫的1区块（左下图），这个区块能删减l5

的数字 1，得到唯一余数 I5=5，见右下图。

★ 技巧提炼

区块唯余法是利用区块辅助形成唯一余数的技巧，也分为两步。第一步是构造区块，第二步是利用区块形成唯一余数。构造区块的原理与上文所述的相同，第二步则有所区别。

使用区块唯余法时，首先需要点算，找到候选数较少的单元格，其次观察是否有区块能影响该格。在实际题目中，往往会有多个不同数字的区块能对同一格进行删减，最后得到唯一余数。右图中，通过八宫的 7 区块，得到 B5=9。

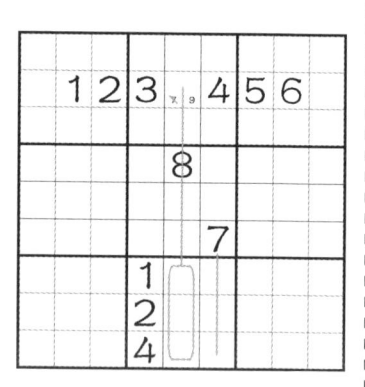

练习 6

请利用区块唯余法解开题目。

★ 解题要点：（解法不唯一，仅供参考）

第一题

	7	6						
		4					2	6
2		1				3		
				3	8			
6	1							3
			1		4			5
			2				8	
	4	3				2		
	2			9	7			

解题要点：第五宫的 9 区块，删减 E7 的 9，得到 E7=7。

第二题

	1		3			5		
5								8
	7			4		3		
				2		6		
7		8				3		1
		4	3		1	7		
	9					6		
6		7				9		3
		2		6			8	

解题要点：第九宫的 2 区块，删减 G5 的 2，得到 G5=1。

第三题

4	1		7			3		
		2		5	8	4		
	8		3			1		
1								3
	4		1		3		5	
5								9
		1		4		5		
		7	4	5		6		
		2			8		3		4

解题要点：第一宫的 7 区块，删减 B9 的 7，得到 B9=6。

第四题

3		1			6			
5			9			7		6
				5				
2				5		1	6	
			1	4	2			
	4	5		8			7	
			2					
8		7				1		5
			5			3		9

解题要点：第五宫的 7 区块，删减 D1 的 7，得到 D1=9。

第五题

	6	3			4	2		
			1		7			
		2			5			
1								5
				3				
4	8					6	3	
		9	1	3				
	4					7		
2		8		4				6

解题要点：第六宫的 2 区块，删减 G7 的 2，得到 G7=8。

第三节 交叉区块

区块有一种特殊情况——交叉区块。对下题（左下图）进行观察，通过基本功处理后如右下图所示。

观察数字 5，第二列的数字 5 必定在 D2、E2、F2 之中，而第五行的数字 5 必然在 E1、E2 之中，而这两个区域在一个宫内，因此数字 5 只能在交叉的 E2 格（见下图）。这一技巧叫作交叉区块，比较少见。

实际上，交叉区块可以转化为区块排除的视角进行观察。我们观察下图，第二列中D2、E2及F2构成了数字5的区块，这个区块能排除宫内的E1。之后我们观察第五行，数字5只能存在于E2。

交叉区块在实际解题中出现情况较少，也能转化为区块排除的视角进行观察。本题利用交叉区块解开E2=5后，后续可利用基本功解开。此题另有一种观察视角，将在下文中进行讨论。

本题的终盘如下图所示。

5	4	8	2	9	1	7	6	3
7	9	6	4	8	3	5	2	1
3	2	1	5	7	6	8	4	9
1	8	4	6	5	7	3	9	2
2	5	3	8	4	9	6	1	7
9	6	7	3	1	2	4	8	5
4	3	9	1	6	5	2	7	8
8	7	2	9	3	4	1	5	6
6	1	5	7	2	8	9	3	4

由于交叉区块实际应用较少，本节不设置练习题。

第四节

组合区块法

组合区块是实战解题的一大难点。组合区块是区块的一种特殊用法，可以用于排除或形成唯一余数，对应的技巧为组合区块排除法、组合区块唯余法。

我们从一个实例，对组合区块进行观察。初盘如左下图所示，经过基本功处理后，会进入如右下图所示的界面。

在下图的图示中，我们经过观察可以找到一种比较特殊的区块唯余的情况。观察第二列，数字8只可能存在于灰色部分，形成区块后，可以排除B1=8的情况，得B1=5。在此题中，后续还需要通过这个8区块和B1的5，得到唯一余数C3=6，才可继续进行解题。

实际解题中，观察方式主要以宫的检索为主，如果要顺利观察此类型区块，必须要以行列为主要的观察对象，必定涉及视角切换的问题。是否切换视角，如果要切换，在何时、何处进行切换都很重要。引入组合区块的概念可以解决此类问题。引入后，在观察此类区块时，不用特意切换为以行列为主的视角。

观察下图，第四宫和第七宫的 8 都只能存在于灰色区域内。这两片灰色区域分布于第一和第三列，这两列内最多只有两个 8。而这两个 8 被两片灰色区域占用了，因此这两列其余位置不能填入 8，即 B1、A3、C3 都不是 8，最终直接得到 B1=5，结合此结论得到 C3=6。

此技巧叫作组合区块，观察时可以与行列区块进行相互转化，在以宫为主要的观察技巧进行快速解题时，组合区块是避免切换视角、提高解题速度的一个重要技巧。

组合区块也有一些比较复杂的情况,即多个区块和组合区块进行叠加。我们可以观察下图,此题第一步即为卡点。

本题中,我们对于数字3进行观察见左下图。注意五宫的3区块,得到第八宫的3只能在G6或H6。同时注意,第九宫的3只能在G9或H9,两部分区块分布于两行之中,形成了组合区块。这个组合区块能删减两行内其余的数字3,得到第七宫的3在灰色区域里(见右下图)。

得到此步骤后,我们观察发现,第一宫的3位于C1和C3之中,与第七宫的灰色部分再度构成新的组合区块(见下图),删减第一列和第三列里其余的3,得到唯一余数F1=8。

★ 技巧提炼

组合区块是利用两个宫内区块形成的区块。在一大行/大列内，当某个数字在两个宫内的所有可能分布位置仅处于两行/两列中时，组合区块就形成了。组合区块形成后，这一大行/大列内，这两行/列其余的位置中，不能再填入这个数字。

需要注意的是，组合区块的形状可能是不规则的，也可能由其余的区块或组合区块辅助形成。组合区块可用于辅助排除，也可用于辅助形成唯一余数。

组合区块排除可以与行列排除互相替代，若组合区块由区块辅助形成，可以视为区块对行列进行了排除。通过组合区块形成的唯一余数，也可转换视角，通过行列排除形成新的区块，通过该区块辅助唯一余数的形成。组合区块实际上是观察题目时，用以宫为主的方式观察到行列排除的一种手段。

右上图利用 7 的组合区块得到第二行的 7 在 B9，右下图也是利用 7 的组合区块，得到另一个组合区块，进一步得出第五宫的 7 在 E5。

练习 7

请利用组合区块法解开题目。

★ 解题要点：（解法不唯一，仅供参考）

第一题

解题要点： 第三宫形成 8 区块，第四、六宫形成 8 的组合区块，排除得第五宫的 8 在 F6。

第二题

解题要点： 第二宫形成 4 区块，第七、八宫形成 4 的组合区块，排除得第九宫的 4 在 H9。

第三题

解题要点： 第七、八宫形成 9 的组合区块，删减 G9 的 9，得到 G9=8。

第四题

解题要点： 第二、三宫形成 1 的组合区块，删减 C3 的 1，得到 C3=3。

第五题

4	8			1				6
		6	9					
					5			
	3	2	6		7			
	5			8			9	
		8		1	3	5		
	7							
			9	2				
2			4				3	8

解题要点：第一、三宫形成7的组合区块，排除后，第二、八宫形成7的组合区块，再次排除得第五宫的7在F5。

专栏 4 区块排除与行列排除的转化

行列排除时,观察的重心在行列;而大多数时候,解题时是以宫为主要的观察目标的。因此,区块则成为了以宫为主视角,观察行列排除的手段。一部分区块,尤其是组合区块,可以和行列排除互相转化,我们以图示进行说明:

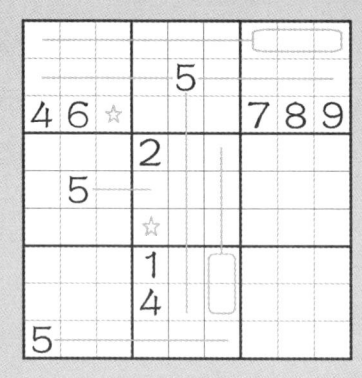

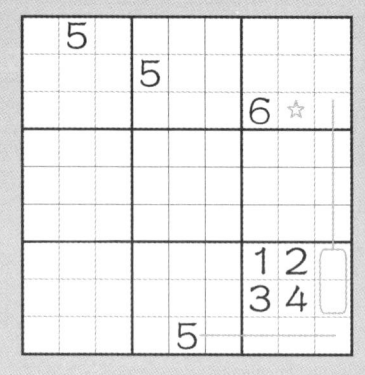

左上图中,第三宫、第八宫的区块排除,均可以转化为行列排除的视角看,即第三行、第四列的行列排除。但右上图中,第九宫的区块排除无法转化为行列排除的视角进行观察。实际上,区块与目标行列平行时,可以进行转化;区块与目标行列垂直时,无法转化。

而组合区块则可以完全转化为行列排除,在实际解题中,以宫的视角观察,最终观察到的行列排除,大多是由组合区块转化得到的。

第五节

隐性数对

　　进阶方法主要分为区块法和数对法，前文对于区块法的构成和作用进行了阐述。本节将开始讨论数对法，及其拓展形成的数组法。数对、数组均分为显性和隐性，本节从隐性数对开始讨论。

　　我们通过一个例题（左下图）引入隐性数对的概念。初盘通过基本功处理后，如右下图所示。

　　此题可以利用区块的视角观察。由于第四宫有1区块，所以I3有唯一余数，即I3=4（见下图）。

我们切换一种观察的视角。保留第四宫的 1 区块，同时数字 8 对第四宫排除，得到 8 也在这个区块里（见下图）。这个区块仅有两格（D3 与 F3），必须包含 1 和 8 两个数字，因此不能再填入其余数字了，得到第三列里的 4 只能填在 I3。

当一个区域（行，列，宫）中，某两个数字只能存在于两格时，这两格必定只能包括这两个数字，称为这两个数字的隐性数对。隐性数对成立时，会将其所在的单元格占据，使其不能填入其余数字，影响其余数字的排除，最终由其余数字形成排除解，或其余结论。

得到 I3 后，题目就很好解决。终盘如下图所示。

我们再来看一些案例。左下图的题目经过基本功处理后如右下图所示。

在这个案例中，数字 1、7 对第五宫进行排除，形成隐性数对，占位后第四行的 2 只能存在于星格。这种在宫内形成的隐性数对称为宫内隐性数对，这样的数对可能存在于不同的行和列之中。

前文提到，隐性数对占位后，会得到其余数字的排除解，或其余结论。下题（左下图）则是一个常见的情况，由基本功处理后，如右下图所示：

2、6对第三宫进行排除，得到第三宫的26隐性数对。占位后，数字3只能在A7、A8、A9中，形成区块。区块删减A1的3，得唯一余数A1=5（左下图），之后即可解开题目。终盘如右下图

★ 技巧提炼

当一个区域（行，列，宫）中，某两个数字只能存在于两格时，这两格必定只能包括这两个数字，称为这两个数字的隐性数对。

隐性数对形成后，能占据这两格，使其不能填入其余数字，继而得到其余数字的排除解，或其余的结论，例如其余数字的区块。

左下图中，第二宫有56的隐性数对，占位后得到第二宫的7在A6（右下图）。

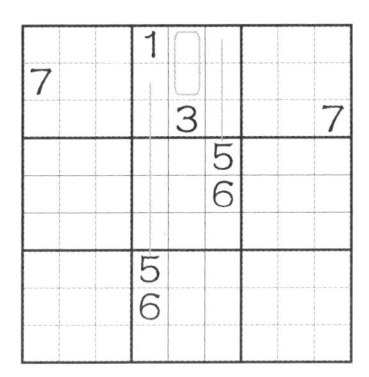

练习 8

请利用隐性数对法解开题目。

★ 解题要点：（解法不唯一，仅供参考）

第一题

第二题

解题要点： 第一宫有 28 的隐性数对，占位后得到第三行的 7 在 C2。

解题要点： 第二宫有 25 的隐性数对，占位后得到第六列的 1 在 D6。本题中，也可以通过第二行，观察到隐性数对的形成。

第三题

解题要点： 第七宫有 6、8 的隐性数对，占位后得到第七宫的 4 在 H2。

第四题

解题要点： 第四宫有 1、9 的隐性数对，占位后得到第四宫的 6 在 F1。

第五题

解题要点： 第二列有 1、4 的隐性数对，占位后得到第四宫的 6 在 F2。

第六节 隐性数组

前文中提到，隐性数对是"某两个数字存在于两格"的情况。那么当情况更复杂一些，某三个数字存在于三格，就形成了隐性数组。隐性数组一般指隐性三数组，即当一个区域（行，列，宫）中，某三个数字只能存在于三格时，这三格必定只能包括这三个数字。

本质上，隐性数组是数对的拓展，但是由于数字量、格数都有所增加，所以观察的难度高了许多。左下图是隐性数组的案例，经过基本功处理后，如右下图所示：

数字2、6、7对第七宫排除，它们只能在G1、I1、I2三格之中，隐性三数组形成，这三格不能填入其余数字（左下图）。占位后，第一列的8只能填在C1（右下图）。

终盘如下图所示。隐性数组和隐性数对没有本质差别，但是观察难度较高。

下题（左下图）也是隐性数组的案例，经过基本功处理后如右下图所示。

在这个案例中，数字 6、7、9 对第八行进行排除，它们只能在 H5、H7 和 H8 之中，构成隐性数组（左下图）。占位后，得到第七列的 3 在 D7（右下图）。

之后即可解开例题（如下图所示）。

从两道例题中我们可以看出，隐性数组与隐性数对没有本质区别，都是通过数字占据格子，对其余数字的排除产生影响。但是与隐性数对相比，隐性数组的观察难度更高。例题为较为简单的隐性三数组，实际解题中也有更复杂的三数组情况，甚至隐性四数组。

★ 技巧提炼

当一个区域（行，列，宫）中，固定的 n 个数字只能存在于确定的 n 格时，这 n 格必定只能包括这 n 个数字，$n=2$ 时称为这两个数字的隐性数对，$n>2$ 时称为这 n 个数字的隐性 n 数组。一般以隐形三数组为主，偶尔会有隐性四数组的情况。

隐性 n 数组形成后，能占据这 n 格，使其不能填入其余数字，继而得到其余数字的排除解，或其余的结论，例如其余数字的区块。下图为一个隐性三数组的例子。

左下图存在 235 的数组，占位后得出第三宫的 1 和 C7，右下图有 1234 的数组，占位后得到 5 的区块，进一步得出 B9=9。

练习 9

请利用隐性数组法解开题目。

★ 解题要点：（解法不唯一，仅供参考）

第一题

	1	3			7			
4								
3			9	1	4			
5	7		8		9	6		
6								9
		9		3			4	8
			2	8	5		6	
							7	
		9			7		8	

解题要点： 第三宫有 1、3、9 的隐性数组，得第三宫的 6 在 C8。

第二题

				7			5	
	1		6		2		3	
4		5		6		7		2
	8						6	
3		2		8		4		9
	2		9		5		4	
				9			1	

解题要点： 第九宫有 2、5、9 的隐性数组，得第八列的 7 在 A8。

第三题

		3		6				
	4	7			5		9	
			1				7	2
	1				7			
3								6
		2				8		
6	5			9				
	7		8		9	4		
			4		5			

解题要点： 第五宫有 4、5、6 的隐性数组，得第四列的 9 在 A4。

第四题

			1	3	2			
		1				9		
	4		6		9		1	
9		4				3		5
3								8
1		7				2		9
	6		3		7		8	
		8				6		
			8	5	6			

解题要点： 第八列有 2、3、9 的隐性数组，得第八列的 5 在 A8。

第五题

		2						
		5	6	3				
2			8					4
	3			5				
	8	5	7		6	3	1	
		2				6		
9			4					7
		8	5	9				
			7					

解题要点：第七行有 3、5、6 的隐性数组，得第九宫的 8 区块，删减 A7 的 8，得到 A7=7。

第七节 显性数对

数对、数组均有显性、隐性之分，隐性是"n个数必然在n格之中"，与之相对，显性是"n个格内必然是n个数"。

观察左下图案例，经基本功处理后如右下图所示。本题可使用区块唯余法解开，本节仅讨论利用显性数对的视角。

分别点算 E2、I2，得 E2=39，I2=39。这两格位于同一列，其中数字不能相同，因此，必定是一个3、一个9（见左下图），虽然具体顺序未知，但可以删减同一列内其余的3和9。继而点算得 H2=5，G2=7（见右下图）。

此题接下来即可解开（如右图所示），本题使用了显性数对的技巧。当某个区域内，对两个单元格进行点算，其均等于 mn 时，这两个单元格构成显性数对，删减同一区域内其余格的 m 和 n，最终在同一区域内其余格形成唯一余数，或其余结论。

显性数组可能位于同一行、列，或者同一宫（实际上还有更多的情况，在本书中不予以讨论）。位于同一宫时，可能不在同一行或一列之中，如下面（左下图）这个案例，通过基本功处理后如右下图所示：

点算 G9，I7，得 G9=16，I7=16（见左下图），这两格位于同一宫，构成显性数对，删减第九宫内其余格的 1、6，得到唯一余数 I9=4（见右下图）。

本题答案如左图。显性数对有着较强的隐蔽性，观察难度较高。因此在解题时，需要对双值候选格进行适当标注，进而对隐性数对加以寻找。

实际解题中，显性数对删减部分单元格中数字，有时候得到的不是唯一余数，而是排除。例如左下图这个案例，由基本功处理后如右下图所示。

点算 A6、A8，均为 89，构成 89 的显性数对。这个数对删减了同一行内 A3 的 8，此时 A3=67，不能形成新的唯一余数，但可通过排除得到第一宫的 8

在星格 C3（左下图），终盘如右下图所示。

★ 技巧提炼

当某个区域内，某两格均等于 mn 时，这两格构成 m、n 的显性数对，删减该区域内其余格的 m、n。最终在该区域其余格内获得唯一余数，或是对其余数字的排除产生影响。下图中，数字 8、9 形成显性数对，删减 A7 的 8、9，得出 A7=6。

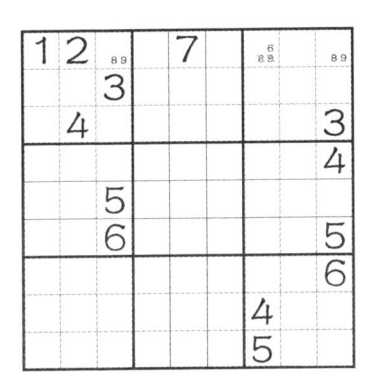

练习 10

请用显性数对法解开题目。

★ 解题要点：（解法不唯一，仅供参考）

第一题

解题要点： E6、E7 构成 79 的显性数对，E4=8。

第二题

解题要点： A7、C7 构成 17 的显性数对，第六宫的 1 在 F9。

第三题

解题要点： E5、F5 构成 39 的显性数对，第八行的 3 在 H4。

第四题

解题要点： I2、I3 构成 39 的显性数对，I8=1，且第九宫的 3 在 G8。

第五题

		1	4	3				
5								
7				4				
3	2	6	5					
		9	6		1			
	3	2	5					
	9		1		3		6	
	1						5	
		6	8	4			7	

解题要点：E3、F3构成47的显性数对，D1=8，D2=2。

第八节 显性数组

前文中提到,隐性数组是隐性数对拓展到三个或更多数字时的情况。那么,显性数对拓展之后,也会形成显性数组。

当某个区域内,某三个格都只可能是 m、n、p 三种数字时,那么这三格必定是这三个数字,删减同一区域内其余格的 m、n、p。这样的结构叫做显性三数组。

我们通过下题(左下图)来观察显性数组,通过基本功处理后如右下图所示:

第三宫中,B7、B9 和 C9 的候选数都是 4、6、8,构成 4、6、8 显性数组(左下图),删减这一宫内其余格的 4、6、8。删减后,第一行的 4 只能在 A2 格(右下图）。

解开 A2=4 后，即可解开题目。此题也可以用隐性数组的视角进行观察，数字 2、5、9 形成了隐性数组（左下图），占位后也可以得到 A2=4。最终得到此题终盘如右下图所示。实际上显性和隐性数对/组是互补的，这一点会在后文中加以讨论。

显性数组的内部，可能形成区块。下题（左下图）经过基本功处理后如右下图所示。

观察此题，利用常规方法，第五宫内 D4、D6 及 E5 为 2、6、7，构成显性数组（左下图），删减 E4、E6 的 2、6、7，第五行的 7 在 E8 处（右下图）。

切换视角进行观察，注意到数组内是 2、6、7 三个不重复的数字，B5 的 7 对于数组进行排除，得到 D4、D6 的 7 区块，删减 D9 的 7，得 D9=8（左下图），从而解开本题（右下图）。

★ 技巧提炼

当某个区域内，某 n（n>2）格均只能是某 n 个数字时，这 n 格构成这些数字的显性数组，该区域内其余格不能填入这些数字。最终在该区域其余格内获得唯一余数，或对其余数字的排除产生影响，或者在这 n 格内产生区块，利用区块解开题目。与隐性数组类似，显性数组一般也以显性三数组为主，偶尔会有显性四数组的情况。

左下图中，数字 7、8、9 形成显性数组，删减 A4 的 7、8、9，得 A4=5。右下图中，数字 2、6、7 构成显性数组，且数组内有 7 的区块，进一步推出 D9=8。

练习 11

请利用显性数组法解开以下题目。

★ 解题要点：（解法不唯一，仅供参考）

第一题

	5		2		9			
	9	1	3				6	4
						5		
4				9			2	5
			7		3			
3	1		2					
	8							
2	3				1	6	7	
			8		7		3	

解题要点： 第一列有 6、7、8 的显性数组，得第七宫的 7 在 G3。

第二题

				3				
			7	9		8		
		1	5	2		4		
9		2					3	
	8	5				6	7	
	1					9		5
		7		4	6	8		
	6		1	8				
				7				

解题要点： 第九行有 2、3、9 的显性数组，得第三列的 3 在 B3。

第三题

	9	1		5			8	
								5
		5		8		6		
6	5		3			9		
				1			6	
2	1		4		8			
		4		3		2		
								8
	8	2		7		4		

解题要点： 第七宫有 3、6、7 的显性数组，数组内形成数字 3 的区块，得 H8=9。

第四题

		1						
	2			4		6		
5			6	7				
9		4	2		7	3		
	6		8	9	1			
		8		3				
2	7							3
3		4				9		
1					2	4		

解题要点： 第八行有 6、7、8 的显性数组，数组内形成数字 7 的区块，第二列的 7 只能在 A2。

挑战题

```
4 . 3 | 2 . . | . . 6
. 5 . | 6 . 4 | . 1 .
8 . . | . . . | . . 7
------+-------+------
. 9 . | . . . | . . .
3 . . | . 7 . | . 4 .
. . . | . . . | 8 . .
------+-------+------
2 . . | . . . | . . 5
. 6 . | 9 . 1 | . 2 .
1 . . | 3 . 6 | . . 9
```

解题要点：第五宫有 1、2、5、9 的显性数组，数组内形成数字 2 的区块，得 E3=1。

专栏 5　为什么没有五数组？

在前文中我们提到了三数组和四数组。理论上还存在着更高阶的数组，例如五数组等。但是实际应用中，五数组非常少见，在标准数独中几乎用不到。这是为什么呢？这就要提到数组的互补性。

观察下图的图示，图中 C4、C5、C6 很明显是 1、2、3 的显性三数组。而与此同时，灰色圆框内的部分很明显是 4、5、6 的隐性三数组。而这两个数组是互补的，处于同一个区域，加上区域内的已知数，刚好凑成 1~9。

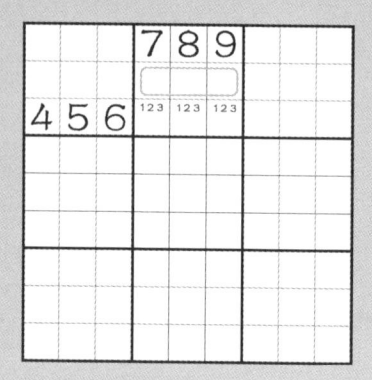

一般地，如果一个区域内已知 m 个数字，有一个 n 格数组时，必定有另一个（$9-m-n$）格的数组与之互补，而且这两个数组一个是显性，一个是隐性。这时我们可以讨论五数组的存在性：理论上可以存在五数组，但是五数组互补的另一个数组最大是四数组，因此观察时可以着重于数字量更少的互补数组来观察。故而五数组存在，但一般不观察它。

第九节 唯一性技巧

数独被要求具有唯一性，即所有合格的题目需要有且仅有单一解。若题目有多个解，则是不合格的题目，应当加以摒弃。

针对这一特性，产生了一大类专有的解题方法，即唯一性解法。唯一性解法的核心为：若某处局部有多解，且与整体封闭，其余部分无法干预该部分的解答时，该题目其余部分必定无解。

观察下面的实例（左下图），经基本功处理后如右下图所示：

此题需要一些高级技巧进行解答，但利用唯一性解法可以避免使用高级技巧。以左下图所例，若 C7=3，则形成以下局面，A4、C4、A8、C8 这四格，可能有两种填入方式，A4=C8=5，A8=C4=8，或 A4=C8=8，A8=C4=5（右下图）。

这两种方式都不受其余数字的影响，无论填入哪一种都有可能。这样的情况就叫作局部多解。由前文可知，这样的结构一旦出现，其余部分必定会无解，因此需要避免这类结构。

为避免此类型结构出现，只有C8=3（左下图）。之后可以解开本题答案（右下图）。在本题中，我们避免的局部多解结构叫作致命模式，通过避免致命模式来解题的方式叫做唯一矩形。

唯一矩形有多种的结构，无论哪一种，其本质都是避免致命模式。上文所述的结构是第一类唯一矩形，通过破坏致命模式唯一可改变的一角，从而避免致命模式的生成。

另一种常见的唯一矩形，是通过区块阻止致命模式的生成。观察下题（左下图），利用基本功处理后如右下图所示：

在这个案例中，我们可以利用第一类唯一矩形的方法，得到 A3=4。利用第二类唯一矩形的方法来看，A3、B3 中必定含 3，如果也含 6 则构成数对，A3 和 B3 都是 3 或 6，形成唯一矩形。所以 A3、B3 中都不包含 6，得 B3=3。

最终解得本题终盘如下图所示。本题需要高级技巧，但灵活使用唯一矩形能够避免使用高级技巧，减少解题所需的时间。

实际解题过程中，唯一矩形会有多种更加灵活的运用方式，这一部分会在拓展阅读中进行阐述。

★ 技巧提炼

合格的数独拥有唯一解，因此某些局部多解的致命模式需要被摒弃。局部多解的结构称为致命模式，致命模式内部拥有至少两组解，并且不能受到其余格的干扰。

如左下图所示，B3、C3、B7、C7 构成致命模式，但余下两组不构成致命模式，因为可能会被宫内的其余已知线索破坏其内部的解。

右下图中，唯一矩形的应用也较为灵活。B3、C3、B7、C7 的致命模式需要被破坏，所以 C7=9；同时为了避免 G1、H1、G7、H7 形成致命结构，G7、H7 中不能包含数字 4。（两图仅为示意图，对一些单元格的候选数进行了人为限定）

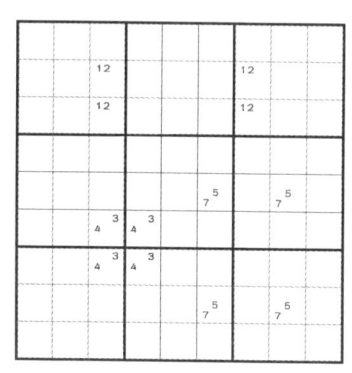

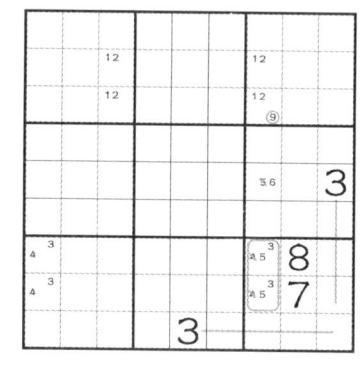

练习 12

请利用唯一矩形法解开题目。

★ 解题要点：（方法不唯一，仅供参考）

第一题

8	3			4				
	6					4	8	3
					6	3		
	5		3			6		
				5				7
	8		2			1		
					2	8		
		8				9	7	2
1		9		5				

解题要点： 为避免 A2、B2、A4、B4 形成 1、7 的致命模式，B2=9。

第二题

5		1		2				
				9		1		
		8			7			9
	1		3			2		9
3						6		
	6		5			8		1
		2		1			8	
		7		6				
6		4		5				

解题要点： 为避免 A7、A9、I7、I9 形成 3、7 的致命模式，I7=9。

第三题

	1		9	2		6		
7		9		3				2
			7			1		
9					6			
8	5					4	9	
		2						7
	9			3				
3			7		4		8	
		2	9	8		3		

解题要点： 为避免 B7、B8、F7、F8 形成 5、8 的致命模式，F7=1。

第四题

	8			9			5	
6		5				8	7	
	7		8	5		3		
		3	4		2	7		
2								9
		6	9		3	4		
	9		2	1		4		
5	1					9		3
	6			3			2	

解题要点： 为避免 A1、C1、A9、C9 形成 1、4 的致命模式，A9=6。

第五题

	A	B	C	D	E	F	G	H	I
	6	9				3			
			8	1		9			
	7	5							1
		6		2					
			6	8		3	2		
		3				7			4
				9	8				
	4	7		5					
			2		3				5

解题要点： 为避免 G3、H3、G9、H9 形成 3、6 的致命模式，G9、H9 中必然没有数字 6，得第九列的 6 在 B9；或为了避免该致命模式，G9、H9 中必然有数字 2，形成 2 的区块，得 A9=7。

专栏 6　唯一矩形的拓展

实际上本节所涉及的唯一矩形，仅是唯一性解法的一小部分。从唯一矩形的结构上来说，可能有多个数字、多个单元格的情况。

在这个题（左上图）中，经过基本功处理后得到右上图的盘面，在此基础上，我们可以观察 B1、B2、B3 与 E1、E2、E3 六格，若 B2 ≠ 2，那么这六格都是 3、8、9（左下图），本质上是局部双解，也属于致命模式。因此，为了避免这种情况，令 B2=2，之后可解开本题，答案如右下图所示。

在实际解题中，唯一矩形还有更复杂的情况，有一些也会和后文中提到的高级技巧相结合。这些复杂的情况难度较高，本书中不予以讨论，感兴趣的读者可自行研究。无论哪一种情况，解题的核心都是避免致命模式，解题者对于致命模式需要有非常深刻的认识。

专栏 7　数独之耻与多解题的判定

在一些资料中，由于对数独规则的认识程度不够，会出现多解、无解的数独，也有一些资料中会有一些涉及理论的题目，但不对这些题目加以说明。这些情况被称为数独之耻。

但是，大多数普通读者都难以判定数独是否合格。实际上，对于标准数独而言，真正的鉴定方式是利用程序来判定其是否是唯一解。目前关于数独的求解器很多，但是判定其解的个数的相关程序并不多，能判定其是否可以依据逻辑解题的程序更少。在没有合适的程序时，我们可以依据以下几点进行简易的判定：

①如果已知数的位置是对称的，那么这道题大概率是合格的。

②如果已知数在对称上有 1~2 个单元格的错漏，那么这道题大概率是在抄写、印刷上有疏漏的情况存在，质量可能存在问题，需要警惕。

③已知数位置不对称时，若已知数个数是 17 个，则可能是 17 个已知数的数独，但难度未知。

这三种情况都比较常见，仅能作为简易的判定标准，更多信息还是需要通过自行解题，或者利用计算机程序进行尝试。建议读者尽可能不要做来源不明的题目，避免遇到质量或者版权上的问题。

下面的例题（左下图）为标准数独题目，此题已知数位置左右对称、中心对称。本书中绝大多数题目会至少遵循左右对称、上下对称、对角线对称、中心对称等中的一种。本题的终盘如右下图所示。

除此之外，还有一种"换阵"的方法，即通过计算机程序对于题目已知数的数字、位置进行变动，以一道题目为蓝本，形成数万道题目的情况。通过此方法形成的数万道题目，即使外观不同，但本质上没有差别。如果使用此方法而蓝本量较少，解题者可能会反复对相同的题目进行观察，对于解题者的水平提高并没有实质的帮助。但此类方法鉴定、识别较难，因此建议解题者在练习时，找一些质量较高、来源清晰的题目，或者使用多组不同来源的题目进行混合练习。

练习 13

请利用区块、数对、数组、唯一矩形等方法解题。

★ 解题要点：（解法不唯一，仅供参考）

第一题

```
1 . . | . . . | . . 3
. 3 . | 5 . 6 | . 4 .
. . 5 | . 7 . | 2 . .
------+-------+------
. 4 . | . . . | . . 1
. . 8 | . 7 . | . . .
9 . . | . . . | . 6 .
------+-------+------
. . 9 | . 3 . | 1 . .
. 1 . | 6 . 8 | . 7 .
5 . . | . . . | . . 9
```

解题要点： 第四宫有数字 2 的区块，第八行的 2 在 H9。

第二题

```
1 3 6 | . . . | . . 9
. 9 . | . 4 . | 3 . .
6 2 3 | . . . | . . .
------+-------+------
. . . | . 9 . | . . .
. . . | . . . | 4 5 2
. . . | . 4 . | 5 . 6
------+-------+------
3 . . | . . . | 7 1 4
. . . | . . . | . . .
. . . | . . . | . . .
```

解题要点： A6、I6 构成 39 的隐性数对，第八宫的 6 在 H5。

第三题

```
9 8 . | 1 . 5 | . . .
1 . . | 5 . . | 4 . .
. . . | . 8 . | 7 . 1
------+-------+------
4 6 . | . . 1 | . . .
. . 9 | . 4 . | . . .
. . . | 4 . . | 3 5 .
------+-------+------
6 . 8 | . 1 . | . . .
. . 1 | . . 6 | . . 7
. . 3 | . 5 . | 2 6 .
```

解题要点： 第四列有数字 9 的区块，I5=4。

第四题

```
. . . | 5 3 . | 9 . .
. . . | . 3 . | 5 9 .
. . . | 8 2 . | . 4 .
------+-------+------
2 . . | 5 . . | . . 7
1 9 . | . . . | . . .
. . . | 2 . 3 | . . 4
------+-------+------
. . . | . . . | 3 5 1
. . . | 4 . . | 1 7 .
. . . | . . . | 3 8 .
```

解题要点： 第三宫有数字 2 的区块，第八行的 2 在 H8。

第五题

		7		1	8			
					5			
		6		3	4			
7			5					9
		2				9	4	
2	9				7		8	
8		9		7				
	4					2		
			4	9	6			

解题要点：第四宫、第六宫有数字6的区块，第九宫的6在G9。

第六题

5						6	8	
			8	1		4		
4		1		2				
			7		1			6
	9							
			2		5			3
1		3		5				
			4	7		8		
8						3	7	

解题要点：为避免 A3、B3、A6、B6 形成 7、9 的致命模式，B3=6。

第七题

1		9			4		5	
	5			7				
2		3				6		
	5			7		8		3
			5		3			
9		3		6			1	
	1				8		4	
			4		6			
3		8				9		1

解题要点：E7、I7 构成 27 的显性数对，第三宫的 7 在 C9。

第八题

	9		3			7		
	8					5		
			8	2	7			
4	9		3		6		1	5
		8		7		4		3
6	3		5		2		8	7
			1	7	9			
		4				1		
		6			5		8	

解题要点：C1、C3 构成 35 的显性数对，第三宫的 3 在 B9。

第九题

	4	8	9		7			
		8			5			
2	7						1	9
4			2	3	1			5
			7	9	8			2
8	2						5	1
		5			4			
	3		5		6		2	

解题要点：A3、C3、F3 构成 136 的显性数组，第七宫的 6 在 H2。

第十题

				9		3		
	3			6				7
2		8				9		
	8		4			7		
2			6		9			4
		6			3		8	
		1				8		6
5			9			4		
	4			2				

解题要点：B4、B5、B7 构成 125 的显性数组，第八列的 2 在 F8。

第十一题

	6			5				
7			8		4			
	2		3			7		
1				4				9
		7			8			
9			8					2
		4			1		9	
			1		6			8
				9			4	

解题要点：A4、A5、C5 构成 147 的隐性数组，第一行的 2 在 A7。

第十二题

3	5	7	8		2			
		1		9		7	5	
		7	8	1			4	3
5								7
1	9			7	2	5		
	5	9			4	8		
	4			6	9	3	7	

解题要点：A1、A2、A9 构成 789 的隐性数组，第三宫有数字 1 的区块，B6=4。

第十三题

	4	2		6	3			
	3			4			2	
6			3		7			8
4	2				1		7	
	8					6		
1		9			8		4	
2		4	1		3			
	4			2		8		
	3	7		5	2			

解题要点： 第八宫有数字 8 的区块，第一行的 8 在 A1。

第十四题

7							1	
		2	7					4
	2	9		6			3	
			6			7		3
	3					9		
2		1			7			
	9			3		1	4	
				1	8			
	4						5	

解题要点： A1、A6 构成 34 的隐性数对，第一行的 9 在 A4。

第十五题

		8		4			3	
1		8			9			
	5			9		8		
		9		3				1
7		5			3			
	6		8		7			
		6		5		2		
2		7		8				
		9		3		4		

解题要点： G7、I7、I9 构成 167 的显性数组，数组内有数字 1 区块，第三宫的 1 在 A8。

第十六题

9	7				5			
			4			7		8
1			9				3	
	7	4		2				
			6		9			
				8		6	2	
	2					7		5
5				6			3	1
6								

解题要点： 第四宫有数字 9 的区块，F9=4。

第十七题

	4				5	6		
5				9				
			8		5		2	4
		9	7	5		2		
		4	1	6				
		6		8	2	3		
8	7		5		4			
		4					8	
2		5			1			

解题要点：C2、H2、I2 构成 369 的显性数组，第二行的 6 在 B4。

第十八题

6	7	4						
			7		1		2	
				1				8
			4			8	5	6
7	9	8					1	
9						4		
2		6		9				
						5	3	6

解题要点：A5、A6 构成 12 的隐性数对，第一行的 8 在 A1。

第十九题

8				1				
	5	4		8		9		
	4		8		6			
	9		2					
	2	6		1				
			3		5			
7								
	2		7	9		6		
	3		8		2			
	7			3				

解题要点：D6、E6、G6 构成 457 的显性数组，第二行的 7 在 B8。

第二十题

			4		5	6		
	7						3	
4			1	6	2		9	
4		2				7		
	8					6		
	1			3			8	
5	6	1	7			9		
1						8		
7	9		2					

解题要点：D3、D8、D9 构成 135 的显性数组，第五宫的 1 在 E6。

第三章
高级技巧

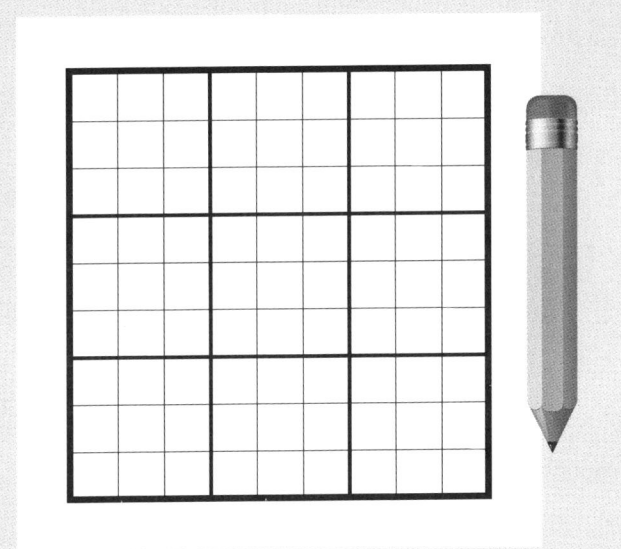

第一节

链

链关系的定义

数独题目所使用的方法分为四个大类，分别是基础解法（排除、唯一余数法），进阶解法（区块、数对、数组），高级解法（简单的链类结构、鱼类结构、Wing类结构），理论解法（包括但不限于：复杂的链类、鱼类结构和其余结构；对待定数字进行操作的代数思想；提取某些可能性并分类讨论的毛刺思想等）。

本章主要讨论高级技巧。链是高级技巧的核心，由链组成的结构称为链类结构。

先对链做一个简单的定义：链是对于命题之间逻辑关系的描述。当两个命题不能同时为假，命题之间呈强链关系；两个命题不能同时为真，则呈弱链关系，即"强不同假，弱不同真"。

我们通过下面的图示进行说明：

① A1=1 和 A1=3 两个命题，不能同时为真，呈弱链关系。

② D1=4 和 G1=4 两个命题，不能同时为假，呈强链关系。但这两个命题也不能同时为真，因此也呈弱链关系。（图示中仅展现了强链关系）。

③ A2=2 和 A8=2 两个命题，不能同时为真，呈弱链关系，但可以同时为假，所以不呈强链关系。

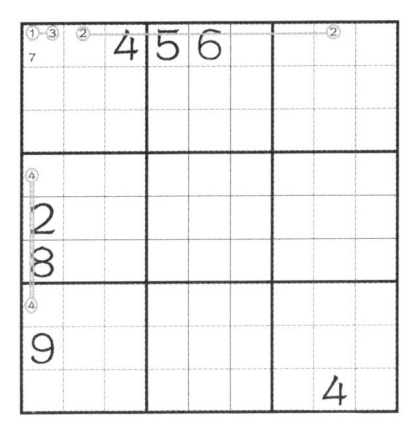

强链与弱链的关系是独立的,两个命题之间可能同时呈现强链和弱链关系,可能呈现其中一种,也可能不呈现任何一种。

链关系是链结构的基础,讨论高级技巧之前,需要链关系的判定进行一定练习。在本书文字及图示中,强链以双线表示,如A=B,弱链以单线表示,如C—D。将涉及的两个命题进行连结,通过阅读文字及图示,对于所涉及的链关系进行分析,是学习链结构非常重要的一环。后文中涉及某单元格等于某数的命题时,如A3=5,会用A3(5)的方法进行表示。

图示练习:

请观察下图,并在空白部分填写各指定命题之间的关系。

① A1(7)、A1(9):_____。

② A1(7)、A5(7):_____。

③ A1（7）、A9（9）：_____。

④ A9（9）、I1（7）：_____。

⑤ D1（9）、D9（9）：_____。

⑥ I5（8）、I9（8）：_____。

答案：

①强、弱同时呈现　　②强、弱同时呈现

③不呈现链关系　　　④呈现弱链

⑤呈现弱链　　　　　⑥呈现弱链

命题之间的链关系观察、理解较难，只有彻底理解链关系的原理，才可对后续的链结构进行理解和研究。

需要注意的是，在基础的链结构中，以强、弱同时呈现的链关系为主，但是往往只使用其中的一种性质。

基础链结构

前文我们阐述了链关系，本节中我们对链关系进行深入探究。有时候，多个链关系会互相影响、成环，这样的结构叫做链结构。

我们先讨论如下结构，设五个命题 A、B、C、D、E，其链关系如下图所示：

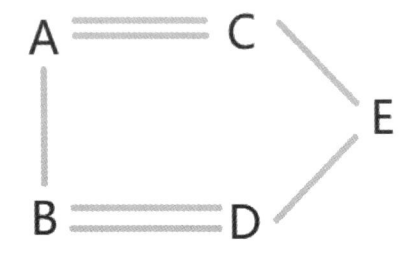

我们对这个结构进行研究，结构中 A 与 C、B 与 D 呈强链关系，不同时为假；A 与 B、C 与 E、D 与 E 呈弱链关系，不同时为真。

可以这么理解这个结构：若 A 为真，则 B 为假，D 为真，E 为假；若 A 为假，则 C 为真，E 为假。

也可以这么理解：强链不同假，说明至少有一真；弱链不同真，说明至多有一真。A、C 之中至少一个真，B、D 之中至少一个真，说明 A、B、C、D 中至少两个真；而 A、B 之中至多一个真，因此 C、D 之中至少一个真，无论哪个真，E 都必定不成立。

这种结构是链结构的基础，特征及结论总结如下：

①奇数个命题，通过奇数条链关系两两相连成环。

②这些链关系呈现强、弱、强交错，最终在某个命题两侧均为弱链。

③该命题必定为假。

这一类结构是链结构的核心，以五个命题的结构为主，部分题目中可能涉及七个或更多命题的结构，研习链结构对解题至关重要。

结构分析练习：

设以下八个命题 A、B、C、D、E、F、G、H 中，有如下强弱链关系存在：

① A＝B，D＝E。

② A—C，A—H，C—D，B—D，B—F，E—F，E—G，E—H。

试讨论哪个或哪些命题的真假性可以确定。

答案：

H—A＝B—D＝E—H，由五个命题以强—弱—强的方式连接成环，其中命题 H 两端都是弱链，因此命题 H 为假。

单链结构

单链结构是对某个单一数字进行讨论的链结构，其中涉及的所有命题都关于⸺是否等于该数字。

⸺以一道例题进行切入，此题在本书第二章第九节中，作为唯一性解法的⸺用唯一性解法可回避一些高级技巧，本节先以此题为例，讲解单链结构⸺中的观察与应用。

题目如左下图所示，经过基本功处理后如右下图：

观察数字8，D3（8）与D9（8）呈强链关系，G3（8）也与G8（8）呈强链关系，同时D3（8）与G3（8）呈弱链关系。

此时，如果有一个命题E，与D9（8）、G8（8）同时呈弱链关系，我们可以依据上文的结论，证明这个命题E为假。此时，我们注意到I9（8）这个命题，I9与D9、G8都不相同，I9（8）与D9（8）、G8（8）都不能同时为真，因此I9（8）与D9（8）、G8（8）都是弱链关系。通过上文推论，我们可以得到I9（8）为假，故而I9=3（左下图）。

可以总结为：I9（8）—D9（8）＝D3（8）—G3（8）＝G8（8）—I9（8），故而I9（8）不成立。这条链中所有涉及的单元格都仅讨论同一个数字，因此称为单数链，简称单链。通过单链能解决此题，如右下图所示。

观察单链时，我们只需观察单个数字在题目中的分布。应重点观察当某个数字在某行、列、宫中，只有两个可能位置的情况，并将这些情况加以整合及串联。

寻找单链时，首先寻找强链，一般是某个数字 x 在某行、列、宫，只可能存在于某两格（A、B），那么 A（x）与 B（x）构成强链。找到关于 x 的两条强链后，可以用弱链将其组合为单链，一般分为三种情况：

①两条强链平行，且一侧对齐。

在对齐的一侧中，两端点位于同一行/列，命题呈弱链，如 D3(8)—G3(8)。另两个端点中，其中一个所在的行列，与另一个所在的宫交汇的单元格，删减数字 x，本题中删减了 I9 的 8，如下图所示。

②两条强链垂直，其中两端点位于同一个宫内。

处于同一宫内的两端点，其命题构成弱链，如 G8（8）—I9（8）。与另外两个端点均处于同一行列的单元格删减数字 x，如下图中删减 D3 的 8。

③两条强链其一水平/垂直，另一条为斜向，但有一侧对齐。

对齐的两端点，命题呈弱链；与另外两个端点均处于同一行列的单元格删减数字 x，如下图中删减 D3 的 8。

单链可视为双节棍，由一条弱链将两条强链进行串联。观察单链是非常困难的，单链的结构也决定着如果一条单链存在，那么必定存在至少一条另外的单链，解题时可以切换视角进行观察，以对单链有更深刻的认识。

通过单链进行删减后，会得到排除解或唯余解，如下图中删减了 I9 的 8，得到唯一余数 I9=3，也可得到第九列的 8 在 D9。在一些更复杂的情况下，单链可辅助更多技巧如区块、数对、数组等的形成，再通过这些技巧解答题目。

★ 技巧提炼

单个数字的链结构称为单链。观察时，我们应找到关于数字 x 的两组强链，并用弱链进行串联，最终删减强链两端共同影响的单元格内的 x。

右图中 D6(3)＝D3(3)—G3(3)＝G6(3)，删减共同影响的 E5、F5、H6、I6 格中的 3。

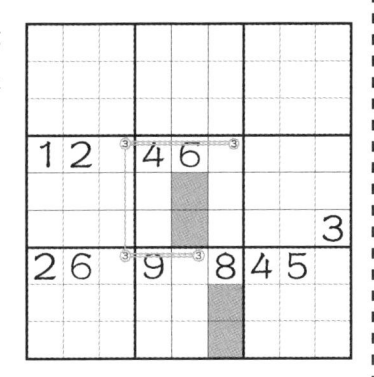

练习 14

请利用单链解开题目。

★ 解题要点：（解法不唯一，仅供参考）

第一题

		8	7		5			
2	7							9
	9			6			4	
		2						6
4		9		8				
2			5		8		7	
				6		7		
6		5			9		4	
		1	8	3		6		

解题要点：数字 1 的单链，删减 E7、E9 的 1，得到第六宫的 1 在 D8。

第二题

	9		8		7			
		6	4		5		2	
4		2					1	
	3		7		8		4	1
7								3
2	8		4		6		7	
	2					1		9
5		4		2	9			
		3			7		4	

解题要点：数字 6 的单链，删减 I1 的 6，I1=1。

第三题

	7		8	9				
				8	1			
	4	3		9				
7		1			5	8		
7	2		5					
9		4			3	6		
	9	2		3				
				4	6			
		6	1	2				

解题要点：数字 8 的单链，删减 H2 的 8，H2=1。

第四题

2	6		9		1			
7						1		3
			8	5		2		
6		1		2				5
			5	6				4
3		4						
	7						5	
			6				7	
	3		2	8				

解题要点：数字 9 的单链，删减 G5 的 9，G5=1。

第五题

```
. 3 . | . 5 . | 4 . .
6 . 1 | . . 7 | . . .
. 7 . | . . 4 | . . 3
------+-------+------
. . . | 2 . . | 9 6 .
9 . . | 4 . 8 | . . 1
. 2 3 | 6 . . | . . .
------+-------+------
2 . . | 5 . . | 3 . .
. . . | 7 . . | 5 . 2
. . 7 | 1 . . | . 8 .
```

解题要点：数字 4 的单链，删减 D9 的 4，D9=5。

第二节 X-wing

本节起将讨论 X-wing 类结构，X-wing 可以看作是单链的一种特殊情况，也可以看作是区块的一种特殊情况。

观察下面的例题（左下图），经过基本功处理后如右下图所示：

观察数字 1 的位置，第二行、第八行中，数字 1 都只能在灰色格之中。用类似单链的思路来思考，可以理解为 B2（1）＝B8（1）—H8（1）＝H2（1），删减 A2 的 1；用类似组合区块的思路来思考，第二列、第八列中必定有且仅有两个 1，第二行、第八行的 1 都在灰色格中，因此灰色格中有两个 1，第二列、第八列其余格内不能填 1，因此删减 A2 的 1（左下图）。

这个思路更接近组合区块，也比较接近单链，有自己的名称：X-wing。当

某数字 x 在某两行（列）中，只能存在于两列（行）内时，则 X-wing 形成，删除这两列（行）内其余格的数字 x。本例题的终盘如右下图所示。

★ 技巧提炼

当某数字 x 在某两行（列）中，只能存在于两列（行）内时，则 X-wing 形成，删除这两列（行）内其余格的数字 x。

右图中灰色格部分删减数字 7。通过 X-wing 删减后，可形成排除解或唯余解。

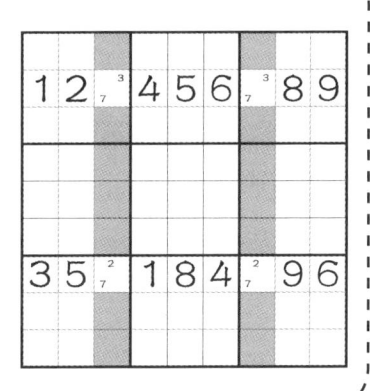

练习 15

通过 X-wing 解决下列题目。

★ 解题要点：（方法不唯一，仅供参考）

第一题

		9	2					
	9	5		3	8			
	5	4	7		1	2	6	
6								2
9	7			5			3	1
4								5
	4	3	6		5	9	2	
		7	3		8	5		
			2		4			

解题要点： 第三、七列 1 的 X-wing，删减 I8 的 1，I8=7。

第二题

7				2				1
	9						6	
		2	8		3	7		
		6	5		9	3		
2				1				6
		7	2		6	1		
		8	7		4	6		
	6						2	
5				6				4

解题要点： 第二、七行 3 的 X-wing，删减 F1 的 3，第四宫的 3 在 F2。

第三题

		3			6			
	4		9			3		
7		1		6				5
	5	2	7	9	8			
	2		3	1	9			
		1	4	6	8	5		
4			6		2			8
	3			8			6	
		8			9			

解题要点： 第一、九行 7 的 X-wing，删减 G8 的 7，G8=5。

第四题

7		3						
	9			6	4		3	
6		5			3	7		
			5	2	4	7		
	5		9		7		8	
		7	2	6	1			
	7	1				2		8
	3		4	2			6	
						3		9

解题要点： 第二、五行 1 的 X-wing，删减 H7 的 1，H7=5。

第五题

	8	2		5		9	3	
9			7		2			5
5				9				2
	1		9		5		6	
2		9				1		3
	6		2		1		5	
1				6				8
3			4		8			1
	2	8		1		3	7	

解题要点：第二、七行 6 的 X-wing，删减 C3、C7 的 6，第三行的 6 在 C4。

第三节 基础鱼结构

剑鱼

前文中讲解了 X-wing，但实际上，X-wing 只是一种特殊情况。通过研究单一数字在整个盘面内的分布，对其进行讨论，总结出的一些固定结构称为鱼结构。区块、单链、X-wing 都是鱼结构的特殊情况。本节先讨论一种较为基础的鱼结构：剑鱼。

前文所涉及的 X-wing 是二元意义上的鱼结构，剑鱼则是拓展到三元的情况。观察如下例题（左下图），经过基本功处理后如右下图所示：

观察数字 1 的位置，在第一、五、七行之中，数字 1 都只能存在于第二、六、八列中，使用类似 X-wing 的思路思考，三列中只有三个 1，而灰色部分里已有三个，因此三列中的其余部分都不是1（左下图）。

删减后，得到第九行的1在I1，进一步解开此题（右下图）。此类方法可以看作X-wing在三阶上的一个拓展，称为剑鱼（Swordfish）。X-wing在更高阶数上也有类似的拓展，如四阶的水母（Jellyfish）等，这些技巧在本书中不予以涉及，感兴趣的读者可自行研究。

★ 技巧提炼

当某数字 x 在某三行（列）中，只能存在于三列（行）内时，则剑鱼形成，删除这三列（行）内其余格的数字 x。

右图中灰色格部分可以删减数字5。通过剑鱼方法删减后，可形成排除解或唯余解。如果涉及更高阶，依然有此类结构，也以海洋生物进行命名（如水母、水怪、鲸鱼等），统称为标准鱼结构。

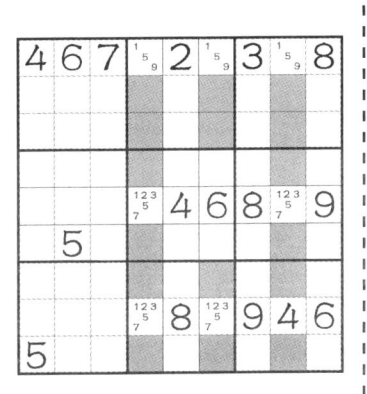

练习 16

请利用剑鱼方法解开以下题目。

★ 解题要点：（方法不唯一，仅供参考）

第一题

	6			7				
	2		6		8		9	
8				5				6
	7		5		6		2	
		8				6		
	6		9		3		4	
2				6				8
	9		8		7		6	
				1			5	

解题要点：第二、六、八行有 1 的剑鱼，删减 D5、D7、D9 的 1，第四行的 1 在 D1。

第二题

2	7	1		5	9			4
1		9	2		6	7		8
7		4				6		9
8		6				4		1
6		1	4		7	8		3
							4	
4		2	3		8	5		6

解题要点：第一、三、九列有 5 的剑鱼，删减 H4、H5、H6 的 5，第八宫的 5 在 G5。

区块链与鳍鱼

前文讲解了 X-wing 在阶数上的拓展结构，本节将讲解在 X-wing 基础上，增加、合并、挪动端点所形成的鱼结构——鳍鱼。

观察下题（左下图），经过基本功处理后如右下图所示：

观察数字 8，在第六、第七行有下图所示的结构，可以从几种不同方向去进行理解：

①将 G7（8）、G8（8）视为一个整体，有单链 F9（8）＝F3（8）－G3（8）＝[G7（8），G8（8）]，删减单链两端共同影响的 I9 的 8。

②将 G7（8）、G8（8）和 G9（8）视为一个整体（虽然 G9（8）必定不成立），原本 F3（8）、G3（8）、F9（8）和 G9（8）构成 X-wing，但是 X-wing 的其中一个端点 G9 进行了拓展，因此 X-wing 本身的可删减数字也发生了变化，

从原本的能删减第三、第九两列中其余的 8，变成了只能删减共同影响格 I9 的 8。

第一种思路叫作区块链，以区块代替单元格形成了单链的端点，本质上和单链并无区别；第二种思路则是鱼结构对于端点进行拓展后的情况，这种合并、漂移、新增的端点叫鱼鳍（Fin），有鱼鳍的鱼叫作鳍鱼。

本题是 X-wing 的鳍鱼，解开题目后如下图所示：

8	9	4	1	3	6	7	5	2
1	5	2	8	9	7	4	3	6
3	6	7	5	2	4	8	1	9
9	3	5	2	6	8	1	7	4
4	1	6	3	7	5	2	9	8
2	7	8	9	4	1	3	6	5
7	4	1	6	5	2	9	8	3
5	8	3	4	1	9	6	2	7
6	2	9	7	8	3	5	4	1

通过观察下面的例题（左下图），可以对鳍鱼有进一步理解：

在使用基本功处理后（右上图），观察数字 6，在第三、八行中，数字 6 只能在第二、第七列，以及 H3 格。可以按照区块链的视角将 H2（6）、H3（6）视为一个整体，最终删减的是两端的 B2（6）与 [H2（6）、H3（6）] 共同影响的 I2（6），得到 I2=3（左下图）。

按照鳍鱼的视角，可以理解为 X-wing 基础上，端点 H2（6）拓展为 [H2（6）、

H3（6）]，也可以理解为新增了一个端点 H3（6）。若 H3（6）为假，那么是 X-wing 结构；如果 H3（6）为真，则其自身可以对部分单元格进行删减。对这两种情况进行分类讨论，会发现两种情况都导向一个固定的结果——I2（6）为假，故而可以证明 I2=3，进一步解开本题。终盘如右下图所示。

本书中仅涉及了 X-wing 的简单鳍鱼部分，关于剑鱼、水母也有其自身对应的鳍鱼，这类鱼结构较为复杂，不能简单地利用区块链进行阐述，也有在各类基础鱼结构之上附加多个端点的复杂情况，感兴趣的读者可自行研究。

由于鱼结构自身有一定难度，本节不设练习题。

第四节 XY-wing 类结构

#XY-wing

前文讲解了单数链的结构，本节开始将讨论涉及多个数字的链结构，即"异数链"。

在异数链中，有一种特殊情况，是比较常见且相对易于观察的结构。观察下题（左下图），通过基本功处理后如右下图所示：

观察 A4、I4、G6 三格，发现它们的候选数都是数字 2、7 或 8，但是三格不在同一行、列、宫内，难以形成数组（左下图）。观察时我们对 I4 进行分类讨论，若 I4=2，则 A4=8；若 I4=7，则 G6=8。无论 I4 如何取值，A4 和 G6 中至少有一个为 8，这两格共同影响的区域内一定没有 8，删减 A6、B6、C6 的 8，得到

C6=4，进而解开题目（右下图）。

用链结构的视角看，A4(8)=A4(2)—I4(2)=I4(7)—G6(7)=G6(8)，与两端均为弱链关系的 [A6(8)、B6(8)、C6(8)] 为假。这种方式观察、理解都较为困难。

如果有三格，其候选数为 mq-mp-pq，且 mq、pq 两格均与 mp 格不同，那么无论 mp 格如何取值，mq、pq 中都至少有一个 q，能删减其共同影响格内的 q，这一方法叫做 XY-wing。

寻找 XY-wing 时仅需要对有且仅有两个候选数的单元格进行观察，多数情况下轴心格与一格位于同一行列，与另一格位于同一宫；少数情况下三格形成一个直角，轴心格与一格位于同一行，与另一格位于同一列。

但是，需要使用 XY-wing 时，待定格中仅有两个候选数的单元格也有一定数量，因此观察上仍然有一些难度，如下面的例题（左下图），经过基本功处理，并将候选数标记后如右下图所示，有约 20 个这样的格子。

利用 XY-wing 进行删减时，需要注意删减的是 mq、pq 共同影响格内的 q，这些格子可能分散在两个宫内，本题 B3、B4、A6 构成了 XY-wing，删减了 A1、B6 的 2（左下图）。

由于 B3、B4 位于同一行，所以引起的删减中，B6 格在实际解题中很容易被忽略，需要仔细检查。本题中删减 A1 的 2 后，得到第一列的 2 在 D1；删减 B6 的 2 后，第六列的 2 在 A6。本题终盘如右下图所示。

★ 技巧提炼

如果有三格，其候选数为 $mq\text{-}mp\text{-}pq$，且轴心格与另两格都不同，那么无论轴心格如何取值，mq、pq 中都至少有一个 q，能删减其共同影响格内的 q，这一方法叫做 XY-wing。

观察 XY-wing 时，需以有且仅有两个候选数的单元格为观察目标，一般分为两种情况，如右图所示。图中 B5、B2、E2 构成 XY-wing，删减 F5 的 1；G7、I9 和 I5 构成 XY-wing，删减 G4、G5、G6、I6、I7 和 I8 格中的 7。

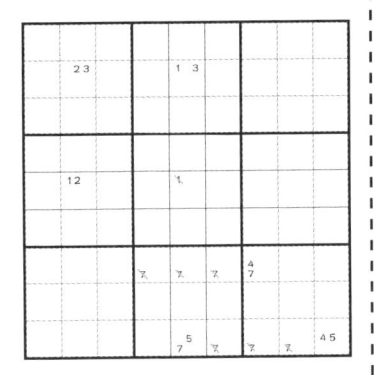

练习 17

请利用 XY-wing 解开题目。

★ 解题要点：（方法不唯一，仅供参考）

第一题

9				5		8		
			9		7		3	
		6		3		7		1
	7		2		6		1	
3		9				2		7
	6		5		3		8	
7		5		1		9		
	1		7		9			
		3		6				8

解题要点：G2、C2、C6 构成 XY-wing，删减 C6 的 2，C6=4。

第二题

					6	8	2	
	4	6				1		
	3				9			6
					5		2	4
5		9		8		7		3
3	2		9					
2				4			9	
				2		1	6	
			5	1	7			

解题要点：I2、H3、H6 构成 XY-wing，删减 I6 的 9，I6=3。

第三题

5		6		4			9	
	4				5	2		
				1				
		5		3		7	9	
		9			8			
8	5		7		4			
			4					
	9	3			2			
	2		6		4		8	

解题要点：I3、G5、E5 构成 XY-wing，删减 H5 的 1，H5=7。

第四题

			2	8		4		
			5	9				7
		6	3					
	8	1				6	9	
1	9						8	3
6	3				2	4		
					4	7		
3			7	9				
	4		8	3				

解题要点：H6、H8、I9 构成 XY-wing，删减 I6 的 6，I6=5。

第五题

			8				5	
7	6							2
		7	2	6				
4		1		2				
3		5				6		1
			8		4	3		
	5		9					
8		6					7	
	7			3	8		6	

解题要点：A6、B5、B7 构成 XY-wing，删减 B4 的 9，第二行的 9 在 B7。

#XY 链

XY-wing 是由三格构成的，实际上可以延展到更多格中，这样的结构叫作 XY 链。

观察以下例题（左下图），通过基本功处理后如右下图所示：

观察 G5、G7、H7 和 H2 四格，若 G5=9，则 G2 ≠ 9；否则 G5=6，G7=8，H7=5，H2=9，G2 仍然不为 9，同理也可删减 H5 的 9。本题的终盘如右下图所示。这个思路和 XY-wing 的思路很接近，本质上是三元的 XY-wing 拓展到四元的情况，即 XY 链结构。

XY 链结构形如 AB—BC—CD—…—NA，是由多个双值候选格以弱链彼此相连构成的结构，最终删减两个端点共同影响格的数字 A。可能存在比较长的 XY 链，如大于九个端点的，但较常见的是 4~5 个端点的 XY 链。其中涉及的数字量与端点数也并无直接的联系。

XY链本质上和XY-wing相同，如果对于XY-wing的理解较深入，理解XY链也相对容易，但也有一定的观察难度，故而本节不设练习题。

第五节

Remote Pair

XY 链有一种特殊的情况，比较容易观察，称为远程数对（Remote Pair）。观察下面的例题（左下图），经过基本功处理后如右下图所示：

观察 D3、D7、E9 和 G9 四格，以单链的视角来看有 D3（3）=D7（3）—E9（3）=G9（3），删减 G4 的 3，并且有一条所用单元格完全相同的 8 单链，删减 G4 的 8，即两条单链重合；以 XY 链的视角看，候选数为 38、83、38、83，删减 G4 的 3，但同时也可形成 83、38、83、38 的 XY 链，删减 G4 的 8，即两条 XY 链重合（左下图）。

与此同时，我们还可以用另一种思路进行观察：设 D3=x，D7=y。x 和 y 是 3 与 8（但是具体的对应关系不确定）。那么与 D7 不同的 E9 则为 x，而 G9 必

定为 y。此时，单元格 G4 与 D3 不同，不等于 x；与 G9 也不同，也不等于 y。那么无论 x、y 与 3、8 的对应关系如何，G4 不等于 3 或 8 中的任意一个。

故而，G4=7，随即可解开本题（右下图）。所使用的这一技巧叫作远程数对。

★ 技巧提炼

当偶数个单元格，候选数均为 mn，并且以链关系相互连结时，形成诸如 mn，nm，mn，nm 的结构，则形成远程数对，删减两个末端共同影响格的 m、n。

利用远程数对删减后，能形成排除解或唯余解。大多数情况下，目标格原本有 2~3 个候选数，通过远程数对删减后形成唯余解。右图中，B8、B3、C2 构成远程数对，删减 G8 的 1、2。

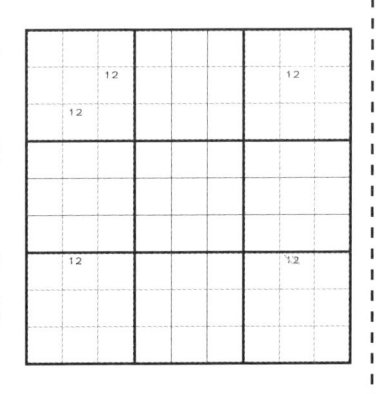

练习 18

请利用远程数对解开题目。

★ 解题要点：（方法不唯一，仅供参考）

第一题

解题要点： D1、E3、E7、I7 构成远程数对，删减 I1 的 8，得 I7=9。

第二题

解题要点： G1、D1、D6、T6 构成远程数对，删减 G5 的 1，得 G5=5。

第三题

解题要点： D7、D1、G1、H3 构成远程数对，删减 H7 的 7，得 H7=6。

第四题

解题要点： C5、C8、B7、E7 构成远程数对，删减 E5 的 1，得 E5=9。

第五题

	5		9	1			2	
9	4				8			
		8		4			9	
	5			8				4
		6			2			8
	6		3	5				
4						6		1
			4		7		8	
		3					7	

解题要点：D4、I4、I2、H1 构成远程数对，删减 D1 的 1，得 D4=2。

第六节

XYZ-wing

之前讨论鳍鱼结构时，提到在标准鱼结构的基础上增加端点的变化，这些变化的端点称为"鱼鳍"。实际上，在 XY-wing 结构中，也可以适当增加一些端点的变化。

观察左下图，这道题通过基本功处理后如右下图所示：

观察 B6、C6 和 C8 三格。如果 C6（6）不成立，那么这三格就是标准的 XY-wing 结构，可以删减 B5 的 6；如果 C6（6）成立，B5 也不等于 6。因此在这个情况下，B5（6）必定不成立，可据此推得 B5=7（左下图），进而解题（右下图）。

这种结构叫做 XYZ-wing，在 XY-wing 的基础上，在轴心格多了一个候选数 Z，最终删减的目标也是 Z。

形成 XYZ-wing 时，XZ 格与 XYZ 格在同一个宫内，YZ 格与 XYZ 格在同一行/列。而删减时，YZ 格所在的行/列中，在 XYZ 格所在的宫内的单元格删减数字 Z。

左下图的例题需要用 XYZ-wing 解决，经过基本功处理后如右下图所示：

A7、A9 和 H9 形成 XYZ-wing，删减 B9 的 1。如果 A9（1）为假，构成 XY-wing，那么除了可以删减 B9 的 1 之外，也可删减 I7 的 1（左下图），但是 XYZ-wing 结构中无法对此处进行删减，这是 XYZ-wing 和 XY-wing 的一个不同之处。

另一个不同之处在于，XYZ-wing 必须有一格和轴心格同处于一个宫内，整体分散于至多两个宫*内，而 XY-wing 的三格可以位于三个宫之中，这也是一个需要注意的区别。

通过 XYZ-wing，删减 B9 的 1 之后，本题可以得到第二行的 1 在 B5，进而解开全题（右下图）。

* 注：如果 XY-wing/XYZ-wing 的三格位于同一个行/列/宫内，则形成显性数组。可以说显性数组是这两种 Wing 结构的特殊情况。

★ 技巧提炼

若有三格，其候选数为 xz、xyz、yz，且 xz 格与 xyz 格在同一个宫内，yz 格与 xyz 格在同一行/列，那么 yz 格所在的行/列中，在 xyz 格所在的宫内的单元格删减数字 z。

右图中，B5、B2、C3 构成 XYZ-wing，删减 B1，B3 的 3。

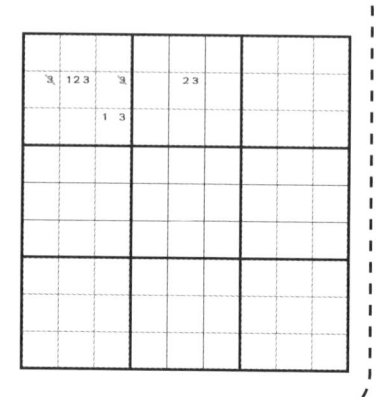

练习 19

请利用 XYZ-wing 解决题目。

★ 解题要点：（方法不唯一，仅供参考）

第一题

		7	5					
5		6				3		
4		2						7
		5		4		1		
	2	3				8	5	
	4		3		9			
7						1		3
	6				7			5
				6	7			

解题要点：A8、A7、F7 构成 XYZ-wing，删减 B7 的 2，得 B7=9。

第二题

	5		3			1	4	
4	6						8	
					8			2
				3		6		4
1		6				9		
8		7						9
			1	2				
	9						5	6
			9	5			7	

解题要点：I2、I7、H7 构成 XYZ-wing，删减 I9 的 1，故第九列的 1 在 B9。

第七节 Y-wing

前文讲解了 X-wing、XY-wing 和 XYZ-wing，本节讨论另一种结构——Y-wing。

观察下面的例题（左下图），经基本功处理后如右下图所示：

观察 D3、F3、D7 和 F5 四格。D3、F3 中至少有一个数字 1，无论 1 在哪格，D7、F5 中都至少有一格是 7。用链的思路可以表示为 D7（7）＝D7（1）—D3（1）＝F3（1）—F5（1）＝F5（7）（左下图）。

本题中，D7、F5 至少有一格是 7，因此删减共同影响格 D5 的 7，得到第五宫的 7 在 F5。这一思路叫做 Y-wing。本题利用 Y-wing 删减后，可解开题目，如右下图所示。

Y-wing 一般由数字 A 的强链 A＝A，其两端以弱链各衔接一个 AB 格，即 AB—A＝A—AB 的形式构成，最终删减两个端点格所共同影响格中的数字 B。

★ 技巧提炼

强链 A＝A，其两端以弱链各衔接一个 AB 格，构成 AB—A＝A—AB 的形式，叫作 Y-wing，删减两个端点格所共同影响的格中的数字 B。删减之后，能形成排除解或唯余解。

右图中，C7、C2、H2、H5 构成 Y-wing，删减 C5、H7 的 7。

练习 20

请用 Y-wing 解开题目。

★ 解题要点：（方法不唯一，仅供参考）

第一题

		8	9				6	
4	3		6		7	2	8	
		7		8				4
	1					2	3	
		2			4			
9	4					7		
8				7		1		
	9	7	1		8		5	6
		6			9	7		

解题要点：B5、B3、F3、F9 构成 Y-wing，删减 F5 的 1，得 F5=2。

第二题

7								6
	6			4	1		5	
		4	7	5		3		
9						5		
	8	1		3		6	7	
		2						9
		9		7	2	4		
	7		4	1			3	
3								2

解题要点：G1、C1、C9、F9 构成 Y-wing，删减 G9 的 8，得 G9=5。

第三题

		9		6				
5			1				4	
8								6
	6					1		
		3		9				
		3	5	8				
		5		3				
	7	5			6	3		
	1		7		9		2	

解题要点：A3、C3、C4、B5 构成 Y-wing，删减 A5 的 7，故第一行的 7 在 A3。

第八节

XYX 链

前文所讲解的结构能解决大部分题目,但是在一些涉及理论研究的题目中,会有更为复杂、不能套用简单的理论模型的链,本节所讲解的 XYX 链即是一例。

观察下面的题目(左下图),经过基本功处理后如右下图所示:

观察 B7、B3、I3 和 I9,有一条链 B7(5)=B7(2)—B3(2)=I3(2)—I3(5)=I9(5),能删减末端共同影响格 B9 的 5(左下图)。这种由单数链及异数链结合形成的链,具有二者的特征,较难观察,称为 XYX 链,在一些难度较高的题目中会经常出现。

本题中,XYX 链删减 B9 的 5,得 B9=1,之后解开题目(右下图)。

XYX链较为复杂，在高难度题目中还有多种情况，本节仅作了解之用，不设置习题。

第九节 欠一类技巧

欠一数对

使用数对技巧时,我们需要明确数对所涉及的具体单元格。但实际上,有些情况中不必完全确定数对所需的单元格的位置,这样的数对叫作欠一数对。

观察下面的例题(左下图),经基本功处理后,通过 H3、I3 的 2 区块删减 F3,得 F3=1,之后如右下图所示:

D2=27,F8=27。注意到 E5 ≠ 2 或 7,设 F8 为 x(x 是 2 或 7),则第五宫的 x 一定在灰色格子中,与 D2 不同。因此,D2 与灰色格子中的一个构成了显性数对,虽然无法确定具体的单元格,但可以删减同一行内其余格的 2、7,得到 D7=5(左下图),之后可以大幅度推进解题的进程。

本题中，得到 D7=5 后，还需要通过单链等技巧对题目进行解答，最终答案如右下图所示。

欠一数对的构成还有多种形式，整体上需要对待定数字进行排除，对观察、推理能力要求较高。

SDC

下面我们讨论一种高难度技巧，全称 Sue De Coq，简称 SDC，属于欠一类技巧中比较难的一种。

观察左下图例题，经过基本功处理后如右下图所示：

观察左下图中灰色部分，在 G5、H5 和 I5 中，至少需要有 7、9 中的一个，否则第八宫中灰色部分的五个格只有 1、2、3、5 四个数字，矛盾。

因此，G5、H5和I5中，有一格和D5形成79的显性数对，删减同一行列中其余格的79，即删减了B5的7和C5的9，能得到第二宫的7在B4，进而解开题目（右下图）。

SDC为理论研究所需要使用的技巧。本节仅为了解用，不设习题。

练习 21

请使用单链、Xwing、剑鱼、鳍鱼、XYwing、远程数对、XYZwing、Ywing 解题。

★ 解题要点：（解法不唯一，仅供参考）

第一题

```
. 7 . | 2 . . | 9 6 .
2 . 3 | . 9 . | . . 7
8 . . | 4 . . | 2 . .
------+-------+------
. 9 . | . 5 . | 2 . 8
. . . | 7 . 2 | . . .
5 . 2 | . 3 . | . 9 .
------+-------+------
. . . | . 6 . | . . 9
7 . 9 | . 1 . | 3 . .
. 8 1 | . . 7 | . 5 .
```

解题要点：B2、H2、H6、C6 构成 5 的单链，删减 B4 的 5，得 B4=1。

第二题

```
5 8 . | . . . | 9 . 4
. 9 . | . . . | 2 5 7
. . . | . 2 . | 5 6 .
------+-------+------
8 2 9 | 4 . 6 | . . .
. . . | . 5 . | 1 9 6 2
. . . | 7 5 6 | 7 . .
------+-------+------
9 7 . | 2 . . | 3 . .
3 . . | . . 1 | . 4 5
```

解题要点：第二、九列有 1 的 Xwing，删减 C5 的 1，得 C5=4。

第三题

```
. . 6 3 . | . 2 . .
. . . . . | 3 . 5 .
. . 9 . 5 | . 8 . .
5 . . 8 . | . . . 9
3 . . 7 . 2 | . 4 .
4 . . . 5 . | . . 1
. 4 . 1 . 6 | . . .
8 . 3 . . . | . . .
. . . . . . | 4 9 .
```

解题要点：F3、F7、D7 构成 XYZwing，删减 F8 的 7，得 F8=3。

第四题

```
7 . . | 6 . . | 2 . .
3 . 4 | 8 . . | . . 9
6 . . | 4 . . | . . .
------+-------+------
. 2 . | 5 . . | . . .
. 6 . | . . 8 | . . .
. . . | . . . | 7 3 8
------+-------+------
7 . . | . . . | 6 . .
. 8 9 | . 6 2 | . . .
. . . | . . . | 9 1 5
```

解题要点：A9、D9、D7、H7 构成 Ywing，删减 C7 的 3，得 C7=1。

第五题

	7		4					5
		2		7				1
2		3				7		
	7				6	5	9	
4					6			
	5			9	1			
		2	8				7	
		9				1		2
8	6		1			4		

解题要点：E7、B7、C9 构成 XYwing，删减 A7 的 8，得 A7=2。

第六题

6	5	7				1		
2		1			9	4	7	
3	7	6				5		
				9		8	7	3
7	1	2		5			4	
		3			1	2	5	

解题要点：第三、六、八行有 6 的剑鱼，删减 G1、G5、G9 的 6，得 G1=8，且第七行的 6 在 G7。

第七题

	8				5			
7		6				1		
	3		9		4			
		8		9		2		5
			3		8			
6		9		1		3		
		5		6		3		
	3				6		8	
			7				1	

解题要点：数字 9 的单链，删减 B2 的 9，得 B2=4。

第八题

	7		4		8		2	
1			2		7			5
		8		5		9		
9	8						4	1
		1				5		
3	5						6	2
		5		2		1		
6			9		1			8
	1		6		5		9	

解题要点：第四、八列有 7 的 Xwing，删减 E1、G1 的 7，得第一列的 7 在 I1。

第九题

解题要点： 数字 5 的单链，删减 I3 的 5，第三列的 5 在 D3。

第十题

解题要点： 数字 8 的鳍鱼，删减 A3 的 8，得 A3=5。

第十一题

解题要点： A4、A2、I2 构成 XYwing，删减 I4 的 6，得 I4=4。

第十二题

解题要点： A8、G8、G9、D9 构成 Ywing，删减 B9 的 8，得 B9=7。

第十三题

		8	1					5
	6				3		1	
	2		6	5				9
6		2		5		1		
			1	2				
9		7				2		
	8					4	9	
			2		4	1		
4	5	9						

解题要点：G6、I4、I8、E8 构成远程数对，删减 E6 的 3、7，得 E6=6。

第十四题

	3	2		4		6		
						9	7	1
6				5				
3		5		8				
				7			4	9
1						8		
	3			7				6
2	1			6				
	5			2		7		8

解题要点：数字 5 的单链，删减 E5 的 5，得 E5=3。

第十五题

	3		8			2	5	
		9		3				8
6			7					9
	3				9		2	
1		9				3		
	7		3			4		
9			3					7
3					1	5		
		8	1		4		5	

解题要点：C2、E2、E5、B5 构成 Ywing，删减 B1、B3 的 5，得 B1=4，且第一宫的 5 在 C2。

第十六题

	6			4			7	5
8		9						
	4		8	5				3
		1		4		6		
3						9		
			5		9			
					2	3		9
9			7		4			
4							6	

解题要点：数字 8 的单链，删减 F6 的 8，得 F6=1。

第十七题

9			5	4				8
		3	6		8	4		
	6		7		1		2	
6	8	4				3	1	7
1	3	9				2	4	5
		2		1	9		8	
		6	2		5	1		
			3	7				2
8								

解题要点：A7、B8、E8 构成 XYwing，删减 A8 的 6，得第一行的 6 在 A7。

第十八题

	5	1						
				9	2		5	
4				5			1	
				6			7	2
		8		3		4		6
6	4			1				
		4			7			3
		3		8	2			
						2	5	

解题要点：数字 9 的单链，删减 C8 的 9，得 C8=8。

第十九题

3	2			9				
4		3				7		
				1		2	3	
	9				3			
8		1		6		5		3
			5				4	
	6	5		8				
		4			9			1
			5				6	7

解题要点：F7、I7、I6 构成 XYwing，删减 F6 的 1，得 F6=8。

第二十题

			4	2	7			
	1	7				9		
					9			3
5			3		1	2		
				5		4		6
4			9		7		1	
						8		1
9	5					2		
	8	1	2					

解题要点：B8、B6、C4、G4 构成远程数对，删减 G8 的 5，得 G8=7。

专栏 8　已知数、图案与难度

前文提到合格的数独都应拥有唯一的解,但在由 81 个单元格构成的题目中,至少需要多少已知数才能满足此要求呢?这是一个困扰数学界多年的问题。近年通过计算机辅助,数学家证明了为了使数独拥有唯一解,至少需要 17 个已知数。满足此条件的数独称为 17 数数独。

可能有读者留意到,本书中的题目的已知数个数一般在 20~30 个,较少有 20 个以下已知数的题目。一方面是此类型题目较难生成,一般需要用特殊的计算机程序进行辅助;另一方面本书重在技巧讲解,而已知数的个数与图案形状与难度关系并不大。

一般来说,在使用基本功的过程中,已知数的个数与观察难度有较明显的关系,已知数较多、较为集中时,容易观察到最后一数;已知数较为分散、个数中等时,排除可能较多;已知数较少但较为集中,或者盘面内有大块的空白时,很可能在空白区域有较难观察的唯一余数。

但是,在无法用基本功解题时,已知数的个数、分布与难度并无直接关联。即使是相同的形状,只要改变一个数字,题目的难度也会有所区别。下图两题只相差一个数字,但是难度差别较大(左下图仅需基本功,右下图需要通过数组进行解题)。

上面两道题的终盘如下面两张图所示。

4	2	6	8	9	7	3	1	5
8	1	7	4	3	5	6	2	9
5	3	9	2	1	6	4	7	8
6	9	1	7	5	3	2	8	4
3	8	4	9	2	1	7	5	6
2	7	5	6	8	4	9	3	1
1	6	2	5	7	9	8	4	3
7	4	3	1	6	8	5	9	2
9	5	8	3	4	2	1	6	7

4	8	6	7	2	9	3	1	5
9	1	7	4	3	5	6	2	8
5	3	2	8	1	6	9	4	7
6	9	5	3	4	7	2	8	1
3	2	4	9	8	1	7	5	6
8	7	1	6	5	2	4	3	9
1	5	9	2	7	4	8	6	3
7	4	3	1	6	8	5	9	2
2	6	8	5	9	3	1	7	4

仅有 17 个已知数的数独叫作 17 数数独，一些数独爱好者热衷于利用计算机程序寻找这样的题目。目前已经发现数万道这样的数独，这些题目难度各异，从最基础的题目，到需要一定理论知识或特殊方法才能解开的题目都有。

以下两题中，左下图的题目仅需基本功即可解开，右下图的题目需要用一定的理论技巧支撑，但是用特殊方法也可以解开。（提示：本书中曾提到了设待定的两个数字为 x、y 的思路，利用此思路可以解开此题。）

			1		3			
			2	8				
		6			9			
			3		1			
	4							8
6	7		5					
				6		4		
		1			5			

	5		6					
							7	3
				1				
					7		8	
	6							5
1								
7					4		2	
				4		3		
				5				6

上面两道题的终盘如下面两张图所示。

7 5 4	1 9 3	6 8 2
3 1 9	6 2 8	4 7 5
8 6 2	7 4 5	9 1 3
9 2 5	3 8 4	1 6 7
1 4 3	9 7 6	2 5 8
6 7 8	2 5 1	3 9 4
2 3 7	5 6 9	8 4 1
5 8 6	4 1 2	7 3 9
4 9 1	8 3 7	5 2 6

3 5 1	6 2 7	9 4 8
2 8 6	4 5 9	7 3 1
4 7 9	1 8 3	6 2 5
5 4 3	2 7 1	8 9 6
8 6 7	3 9 4	1 5 2
1 9 2	8 6 5	3 7 4
7 1 5	9 4 6	2 8 3
6 2 4	7 3 8	5 1 9
9 3 8	5 1 2	4 6 7

在解题过程中，已知数的个数和图案会对使用基本功观察有所影响，但题目难度定义为其所需的最高技巧的技巧难度，往往只是一个用于参考的理论值，说明本题需要什么技巧；但解题时的直观感受更多取决于解题者自身的水平，技巧在何时、何地用，都需要读者自己进行观察。

例如一道需要用一次简单链技巧的题，和一道需要用多次区块、数对等技巧，并且技巧间相互关联、观察难度大的题目，对于一个熟悉链技巧的解题者而言，可能前者会较为容易解开；但对于一个未研习过链技巧，但是学习过区块、数对等技巧的解题者而言，前者他无法解开，除非进行数字的假设，而后者他可能通过慢慢标记候选数进行删减、观察的方法，慢慢解开。无论解题者水平如何，从两道题的难度上而言，第一题大于第二题，但解题者自身的感受在很大程度上受到自身水平的影响。通过不断训练、提高，相信大家能更深刻地体会到不同题目之间的差距。

> 结 语
数独爱好者如何选择自己的方向？

目前国内数独爱好者较多，关于数独爱好的发展方向也较多。目前主要有如下几种发展方向：

1. 竞速

数独在一些省市内被列为体育项目，国内的数独竞赛也较多，如果对于竞速有所兴趣，可以考虑计时进行练习。国内的数独竞赛对于青少年有很强的优惠政策，也专门设置了 50 岁以上组，部分地区也有组织中老年数独竞赛。

2. 理论研究

目前关于标准数独的理论，在国内外都有很多人进行研究，但仍有很大的挖掘空间。本书中涉及高级技巧的部分仅讲解了几种较为基础的定势和一些相关的思路，但是更为复杂的情况和理论，本书中并未予以涉及，而国内外研究也在不断深入、发展。例如有人认为，有一种"大一统理论"，即目前所有的技巧如单链、区块，仅是该理论的特殊情况。这样的理论是否存在？这是很多爱好者所探究的难题。

3. 题目设计

在专业的赛事中，需要有人设计高质量的题目，以对选手的真实成绩起到筛选作用，并且展现题目本身的美感及设计者的自身设计水平。

题目设计不需要设计者有一定的解题速度或高超的理论技巧，更需要设计者对于题目美感有一定把握，对于常见技巧有着较为细腻的感受和较为深刻的认识。设计题目时，可以让已知数排成一些形状，增强题目的美感。

除了标准数独外，许多设计者也更喜欢设计变形数独，也有人开发属于自己的计算机程序，对于题目进行批量的设计及筛选。

4. 题目研发

数独分为标准数独和变形数独，本书中仅涉及了标准数独。变形数独由来已久，如今已有上百种常见的变形数独，对于基础变形数独的研究也已较为深入。但近年来，新出现的变形数独规则逐渐复杂，规则简明、清晰的新种类变形数独研发速度缓慢，这类题目的研发也是数独发展行业中的一个难题。

除此之外，很多教师、家长致力于用数独培养儿童的逻辑思维等综合素质，若能在基础的数独中融入一些趣味元素引发兴趣，会对儿童的综合素质提升有更大的帮助。如何完善这方面，也是一个值得思考的课题。

附录

答案

练习1

第一题a / 第一题b / 第二题a / 第二题b

练习2

第一题a / 第一题b / 第二题a / 第二题b

第三题a / 第三题b / 第四题a / 第四题b

	5	4		6	2		8	
1		2		7	8	4	6	5
		8		4	5		1	2
2	8		6	5	3			4
		9	4	1	7	5	2	8
	4		8	2	9		3	6
8	1		2	9	4	6	5	
4			5	8	6	2		1
	2		7	3	1	8	4	

第五题 a

9	5	4	1	6	2	3	8	7
1	3	2	9	7	8	4	6	5
6	7	8	3	4	5	9	1	2
2	8	1	6	5	3	7	9	4
3	6	9	4	1	7	5	2	8
7	4	5	8	2	9	1	3	6
8	1	7	2	9	4	6	5	3
4	9	3	5	8	6	2	7	1
5	2	6	7	3	1	8	4	9

第五题 b

练习 3

4		5	2		6		9	3
9		7			4	6	5	2
2	6	3		5	9		4	
		2	9			4	6	5
6	9	8		4		3	2	
7	5	4		6	2			
	4		1	9		2		
8	2	9	6					4
	7		4	2				

第一题 a

4	8	5	2	1	6	7	9	3
9	1	7	8	3	4	6	5	2
2	6	3	7	5	9	8	4	1
1	3	2	9	8	7	4	6	5
6	9	8	5	4	1	3	2	7
7	5	4	3	6	2	1	8	9
3	4	6	1	9	5	2	7	8
8	2	9	6	7	3	5	1	4
5	7	1	4	2	8	9	3	6

第一题 b

	9		5		2	1	7	
2								4
7			9		1			2
		6		3		2		5
			8	5	6	7		
5		4		2		6		
			3		5			1
1			2					7
	5	9			8		2	

第二题 a

6	9	3	5	4	2	1	7	8
2	8	1	6	7	3	9	5	4
7	4	5	9	8	1	3	6	2
8	7	6	4	3	9	2	1	5
9	1	2	8	5	6	7	4	3
5	3	4	1	2	7	6	8	9
4	2	7	3	6	5	8	9	1
1	6	8	2	9	4	5	3	7
3	5	9	7	1	8	4	2	6

第二题 b

	3		5	9	6			
		4		3		8		9
	9				4		3	
6	4	3		1				2
			2	4	5			3
2		5		7	3	4		1
3	5		4		1		7	8
1		8				3		
4			3		8	1	2	

第三题 a

8	3	1	5	9	6	2	4	7
5	6	4	7	3	2	8	1	9
7	9	2	1	8	4	5	3	6
6	4	3	8	1	9	7	5	2
9	1	7	2	4	5	6	8	3
2	8	5	6	7	3	4	9	1
3	5	6	4	2	1	9	7	8
1	2	8	9	5	7	3	6	4
4	7	9	3	6	8	1	2	5

第三题 b

8	6	1	9			3		
	9		4	6	3			
3	4		1	8		6		9
9	2		3	1			7	
	1	4		9		8	3	
	3					9	1	2
		9		5			6	3
			6	3	9			
6		3		4	1	2	9	5

第四题 a

8	6	1	9	2	5	3	4	7
2	9	7	4	6	3	1	5	8
3	4	5	1	8	7	6	2	9
9	2	8	3	1	6	5	7	4
7	1	4	5	9	2	8	3	6
5	3	6	8	7	4	9	1	2
1	7	9	2	5	8	4	6	3
4	5	2	6	3	9	7	8	1
6	8	3	7	4	1	2	9	5

第四题 b

7		6			2	5		9
		2	5	9	7		6	
5	9		6		3			2
6	5	4			9	1	2	
	7			2	6		9	5
	2	9		5		6	8	
9	6	5	2	7	1			8
			9	6	5	2		
2		7				9	5	6

第五题 a

7	4	6	8	1	2	5	3	9
1	3	2	5	9	7	8	6	4
5	9	8	6	4	3	7	1	2
6	5	4	7	8	9	1	2	3
8	7	1	3	2	6	4	9	5
3	2	9	1	5	4	6	8	7
9	6	5	2	7	1	3	4	8
4	8	3	9	6	5	2	7	1
2	1	7	4	3	8	9	5	6

第五题 b

练习 4

8	7	3	5	2	9	1	6	4
1	2	9	4	6	7	3	5	8
6	5	4	3	8	1	9	2	7
4	8	5	9	1	6	7	3	2
9	3	6	7	5	2	8	4	1
2	1	7	8	4	3	6	9	5
5	6	1	2	9	8	4	7	3
7	9	2	1	3	4	5	8	6
3	4	8	6	7	5	2	1	9

第一题

2	8	6	3	4	9	5	1	7
1	4	9	2	7	5	8	6	3
5	7	3	6	8	1	2	9	4
4	2	5	9	3	8	1	7	6
6	3	8	7	1	4	9	5	2
9	1	7	5	2	6	3	4	8
8	6	4	1	5	3	7	2	9
3	5	2	4	9	7	6	8	1
7	9	1	8	6	2	4	3	5

第二题

2	8	1	6	4	3	9	7	5
3	4	7	2	5	9	6	8	1
5	6	9	7	1	8	2	4	3
8	7	5	1	2	6	3	9	4
1	9	3	5	8	4	7	6	2
4	2	6	9	3	7	1	5	8
9	1	2	8	7	5	4	3	6
7	5	4	3	6	1	8	2	9
6	3	8	4	9	2	5	1	7

第三题

3	6	5	7	2	8	9	1	4
7	1	4	9	6	5	8	3	2
8	2	9	4	1	3	7	6	5
6	5	7	1	8	9	4	2	3
1	4	8	6	3	2	5	9	7
9	3	2	5	7	4	6	8	1
2	7	1	8	5	6	3	4	9
5	9	6	3	4	1	2	7	8
4	8	3	2	9	7	1	5	6

第四题

5	2	3	6	8	4	7	9	1
8	7	6	3	9	1	2	4	5
1	4	9	2	5	7	8	6	3
3	8	4	9	2	5	6	1	7
2	5	7	1	6	8	9	3	4
6	9	1	7	4	3	5	8	2
9	6	5	4	3	2	1	7	8
4	1	8	5	7	9	3	2	6
7	3	2	8	1	6	4	5	9

第五题

3	7	8	6	4	5	9	2	1
6	2	4	7	1	9	3	8	5
5	1	9	8	3	2	7	6	4
8	3	7	5	2	1	6	4	9
1	9	5	3	6	4	8	7	2
4	6	2	9	7	8	5	1	3
7	4	3	2	5	6	1	9	8
9	5	1	4	8	7	2	3	6
2	8	6	1	9	3	4	5	7

第六题

9	5	1	7	4	6	8	3	2
3	6	2	9	1	8	7	4	5
7	4	8	3	5	2	9	6	1
4	3	9	8	2	1	5	7	6
6	2	5	4	3	7	1	9	8
8	1	7	5	6	9	4	2	3
1	8	6	2	9	4	3	5	7
2	9	3	1	7	5	6	8	4
5	7	4	6	8	3	2	1	9

第七题

3	6	9	4	2	7	8	1	5
2	7	5	8	1	6	9	3	4
4	1	8	9	5	3	2	6	7
6	9	2	1	7	4	3	5	8
1	4	7	5	3	8	6	9	2
8	5	3	6	9	2	4	7	1
7	8	4	3	6	1	5	2	9
9	2	6	7	8	5	1	4	3
5	3	1	2	4	9	7	8	6

第八题

标准数独完全教程

| 第九题 | 第十题 | 第十一题 | 第十二题 |

794251368
852963714
316784295
123647859
469825173
578319642
687492531
245316987
931578426
第九题

493815672
856273149
721964385
934682517
287531964
165749238
548396721
379128456
612857893
第十题

875396412
941872635
362154978
296513847
713948526
458627391
539761284
627489153
184235769
第十一题

187369452
569124873
324578691
652891347
713246589
498753216
935687124
241935768
876412935
第十二题

962741538
745832169
831695247
154876923
283459716
679312485
528934671
417568392
396127854
第十三题

437681925
869245371
512973846
148327569
372168492
295164837
623859714
984716253
751432698
第十四题

294386517
876521349
135497682
429768135
651243798
783159264
342815976
918672453
567934821
第十五题

975462138
631879524
842351679
569137842
783245961
214698375
497628315
358714296
126593487
第十六题

453267891
789135264
612489357
378951426
924876513
165324789
836712945
241593678
597648132
第十七题

592381647
176542839
483967521
968235174
714819256
235678913
349158762
627384195
817624395
第十八题

985261374
167453982
423987615
576129843
831746298
294638751
649825137
752394168
318576429
第十九题

245763981
736189254
189245763
813427695
624951378
957836142
461378529
598612437
372594816
第二十题

练习5

| 第一题a | 第一题b | 第二题a | 第二题b |

          9 7 6
9 8 6   5   7
         6   9 5
6 9 2 ☆   5 3 4 8
   7   4 6 3 2 1 9
3 4 1 2 9 8 7 5 6
      6   5 8 1
   5 4 8   9 6 3 7
             6 9 2 4
第一题a

425987163
963514 72
713642895
692175348
574 3 216
341298756
269734 5
158426937
837516924
第一题b

      6   3 8
           2
582619734
       8956
69   58
25 83
1   985   6
    5 6 98
867   94
第二题a

476123891
931478562
582619734
718956423
693742158
254831679
129785346
345612987
867394215
第二题b

| 第三题a | 第三题b | 第四题a | 第四题b |

   3 1 7
   2   8 5 9
5 9   3   7 8
9 2   3 ☆ 5
3 5 4   6
1   5   9 2
      3   5 2
     5   2
   1 9 6 5   3
第三题a

843167259
  6   859
596324178
982716345
354298617
167543892
438971526
  5   981
219685734
第三题b

   1   8579
8   9 2 1
   5 1 ☆ 682
   3   4 179
1   9
     7 1   5
3
       5 1 26
   68 4
第四题a

213685794
867942531
495173682
632458179
154729863
978316245
341267958
789531426
526894317
第四题b

练习 6

练习8

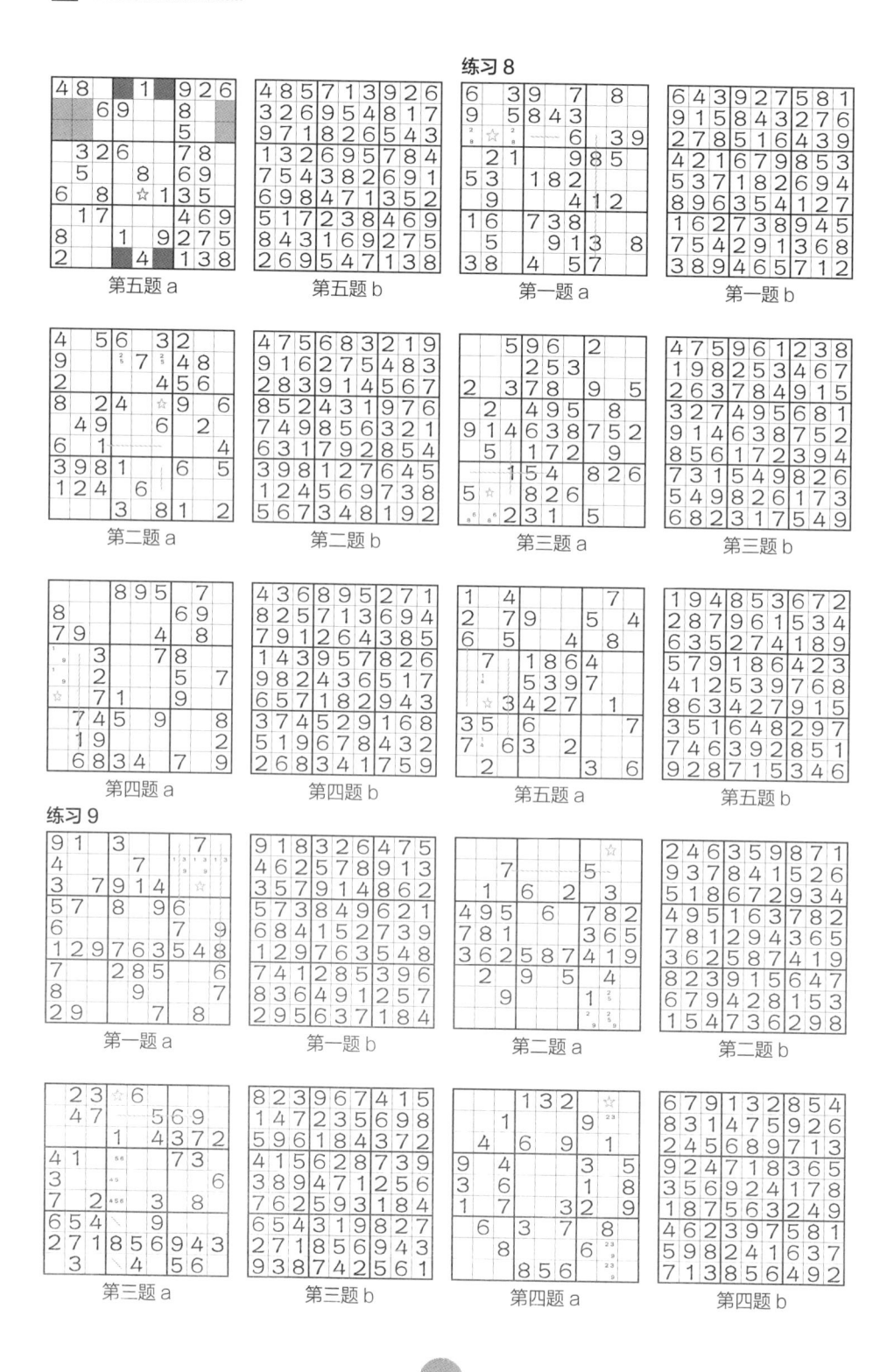

练习10

练习 12

附录　答案

第十五题a　第十五题b　第十六题a　第十六题b

第十七题a　第十七题b　第十八题a　第十八题b

第十九题a　第十九题b　第二十题a　第二十题b

练习14

第一题a　第一题b　第二题a　第二题b

第三题a　第三题b　第四题a　第四题b

附录 答案

练习15

第三题a　　　第三题b　　　第四题a　　　第四题b

练习18

第五题a　　　第五题b　　　第一题a　　　第一题b

第二题a　　　第二题b　　　第三题a　　　第三题b

第四题a　　　第四题b　　　第五题a　　　第五题b

练习19

第一题a　　　第一题b　　　第二题a　　　第二题b

附录 答案

标准数独完全教程

第十八题 a　　第十八题 b　　第十九题 a　　第十九题 b

第二十题 a　　第二十题 b